管理研究方法丛书
Research Methods

案例研究
方法与应用

马尔科姆·泰特（Malcolm Tight） 著
徐世勇 杨 付 李超平 译

Understanding Case Study Research

中国人民大学出版社
·北 京·

推荐序 Understanding Case Study Research

本书的出版恰逢中国改革开放40周年，也是自然科学基金委管理学部首次资助我国学者在工商管理学科领域倡导案例研究方法15周年之际。2003年11月我有幸成为执行该资助项目的主持人，有机会与来自海外的著名学者Anne Tsui，Amy Yan，Chao C. Chen，以及国内开展MBA教育的62所院校近百名教授学者开展了深入的探讨，论及多年来使用数学模型及量化统计工具研究管理问题带来的疑惑。其中记忆犹新的一个质疑就是：管理问题的量化结果及其推出的结论虽然保证了数据分析的准确性，但如何理解准确性与科学性二者的关系？

今天，已有很多商学院的同事很真诚地相信案例研究与定性研究的优势所在，它弥补了工商管理研究中的不足。譬如，在一些重要变量间关系的建构中，因为太过于强调统计的严谨性而剔除某些变量，从而缺失了对真相的认知。此类困境使管理研究结果难以解释企业的问题更遑论指导实践。“理论的统计分析能具备严谨性，但这只是指统计分析方法本身严谨，而理论或者运用理论的解释却未必是严谨的”（Lee，Briggs and Dennis，2014）。到底是什么使管理研究具备科学性，科学的标准是什么？量化统计手段满足了数学的规则，但并不代表你的研究具备科学性。例如：管理具有两重性——自然属性与社会属性，满足了以数字为代表的量化统计规律，只是出现了一个数字关系的结果而已，一般情况下它不是问题的结论，研究结论还需要给出对管理问题和现象的社会属性的解释。

在中国的商学院和管理学院里，教授们已经感觉到企业高管和MBA学员无法理解学术研究，一方面，论文中使用复杂的统计工具过于强调严谨而导致严重限制了思维创造力，甚至消除了研究选题本身的应用价值以及对未来实践的可参照性，因而让人望而却步进而怀疑管理学术研究的价值所在。另一方面，商学院的MBA学员多是来自企业管理一线，有的则自己创业身经百战，更多人还有毕业于理工科院校学习自然科学和技术类专业的经历，他们分明觉得管理研究的科学性不仅来源于企业实践更与社会情境、历史积淀密不可分。他们质疑把自己熟知的自然科学范式复制到管理问题研究中是否正确，甚至说这种管理研究是学者们的自娱自乐。作为有志于案例研究的学者，现在如果你选择使用案例研究，会面对类似以下的问题：单案例研究被批评不具备概化能力怎么办？多案例研究从哪里选取适合的案例？解释性案例研究涉及跨学科的结论应怎样表述？组合研究设计中如何使用案例研究？什么是案例研究的情境？它的分析单位、边界怎样界定？为帮你解答上述困惑，我很高兴地推荐这本书，它很适合初次尝试案例研究方法的研究者。

本书的三位译者长期从事实证研究和案例研究。他们选择翻译马尔科姆·泰特的《案例研究：方法与应用》一书，希望推动探索中国管理实践案例的启示和新思维。这无疑是管理案例研究的一件幸事。

张丽华

译者前言 Understanding Case Study Research

学者们乐此不疲的一大嗜好是争论，每当有人提出完美似艺术品、严谨如推理小说的学术观点时，总有一些人想着法儿地指出其瑕疵，于是双方便争论起来，学术研究也因此不断进步。对案例研究方法的态度可谓对学者们这一嗜好的最好诠释。

一直以来，在组织管理领域学者所采用的研究方法中，问卷调查法几乎“一统江湖”。只是最近几年案例研究方法才开始受到重视与推崇。譬如，有人认为，当研究对象难以与环境清晰切分时，可以采用案例研究方法；组织管理的主要研究对象是人，他们的行为会随着环境而变动不居，因此案例研究方法更适合组织管理研究；案例研究更适合深入探讨研究对象的内在发生机制；案例研究方法适合提出新理论。

当然，案例研究方法也受到了反对者的强烈质疑。比如，很多人批评案例研究方法夹杂了研究者个人太多的主观成分，这与现代的科学研究思想存在很大的冲突。大家都知道，自笛卡儿以来，科学研究的一个基本特征就是主客观分离，要求研究过程客观、透明。再比如，案例研究方法所得到的结论是否具有可重复性也让人怀疑。很多人认为，通过选择少数个案进行分析所得到的结论根本不具有可推广性，只有建立在取样和数理统计基础上的分析结果才是具有可信性的。

为了证明自身的合理性，很多案例研究著作试图从正面回应这些质疑，泰特教授撰写的这本书就是一个很好的尝试。泰特教授认为，案例研究是有意义的小规模研究。尽管案例研究的范围有限，但它确实可以产生有价值的数据和分析结果。因此，案例研究具有帮助我们理解世界的巨大潜力。

尽管篇幅不长，但本书从案例研究与其他相似研究的区别、案例研究的优势与缺点、案例研究的价值、对案例研究质疑的回应、如何开展案例研究等几个方面对案例研究做了细致的介绍。依照我们的判断，本书可以帮助有兴趣的学者进行既有现实价值又有理论意义的小样本研究，可以说本书既有理论性又有实用性。因此，当中国人民大学出版社与我们商议翻译本书时，我们三人几乎毫不犹豫地投入了翻译工作。另外，许昉昉、刘燕君、覃冬、胥彦、杨菊、黄馨、张颖等同学参与了初稿的翻译，这在很大程度上加快了翻译工作的进度。

希望本书的面世能够给读者带来一些帮助与惊喜。由于时间比较仓促，翻译中一定存在不妥之处，敬请读者不吝指正，使其不断完善！

徐世勇　杨　付　李超平

目　录 Understanding Case Study Research

第Ⅱ篇 案例研究的应用

第Ⅲ篇 如何开展一项案例研究

UNDERSTANDING
CASE STUDY
RESEARCH

第 I 篇

什么是案例研究

What Is a Case Study

第 1 章 引论

Introduction

1.1 目标和读者

本书为了解案例研究的性质和使用提供了一个全面的指南。它主要是为最后一学年的本科生、硕士研究生和一年级博士研究生设计的，因为他们正在学习研究方法或从事自己的小型研究项目，并可能有兴趣从事案例研究。因此，本书对指导和监督这些学生的学者是有用的，他们中的某些人可能会高估自己对案例研究的熟悉程度。

本书主要聚焦社会科学，这是我最熟悉的主题领域，也是采用案例研究设计最普遍的领域。然而，由于案例研究已广泛应用于许多学科，本书也探索了不同的用法，因此它应该也适用于社会科学之外的学科。

如你所希望看到的那样，本书采用了通俗易懂的写作风格。一方面，这是一种有意为之的策略，因为大多数事情可以用很简单的方式进行解释，一般不需要使用晦涩的语言。另一方面，这也是我所知道的进行写作的唯一方法。案例研究及相关研究必然会涉及一些专业术语，因此书中也使用了这些术语并做了必要的解释。

本书的中心思想是，案例研究是有意义的小规模研究。换言之，按照其定义，虽然案例研究的范围是有限的，但它们的目的是产生有价值的数据和分析，这会带来广泛的价值与实用性。正因为如此，案例研究才具有了帮助我们理解世界的巨大潜力。

当然，并不是每个人都有时间、资金和渠道进行更大规模的研究。但是，我们可以通过小规模的研究项目（如案例研究）来获得更多的信息。诀窍就是让我们进行的小规模研究既有用又有意义，本书的目的就是帮助你做到这一点。

1.2 本书的内容

在接下来的章节中，你将会发现关于以下问题的讨论和问题答案：

- 什么是案例研究？(见第 2 章)
- 有哪些类型的案例研究？(见第 2 章)
- 如何区分案例研究与其他研究设计？(见第 3 章和第 6 章)
- 案例研究的优点和缺点是什么？(见第 3 章)

- 案例研究如何才能有意义和有价值？(见第 4 章)
- 如何在不同的学科中使用案例研究？(见第 5 章)
- 案例研究如何与其他研究设计结合使用？(见第 6 章)
- 如何获得与使用已发表的案例研究？(见第 7 章)
- 如何开展一项案例研究？(见第 8 章和第 9 章)
- 案例研究的未来是怎样的？(见第 10 章)

每一章的开始部分是内容概述，结尾部分是要点总结与重要文献。在一些章节中，我们通过专栏来展示很多例子和总结材料，并且提供了大量的案例研究文献。

本书的一个重要特点是对选择的案例研究出版物进行广泛的讨论，特别是第4～7章。这样做可以更好地说明案例研究设计所使用的研究类型，展示它们的潜力，并阐明此类研究能够得出的结论。

希望你觉得本书既有趣又实用。

第 2 章
案例研究的起源和应用
Origins and Applications of Case Study

2.1 引　言

本章对案例研究进行概要性的介绍，主要包括五个方面的内容：

- 什么是案例研究？
- 随着时间的推移，案例研究是怎样发展的？
- 在不同的学科中，如何解释和应用案例研究？
- 不同类型的案例研究。
- 研究型案例研究（本书的关注点）和教学型案例研究之间的关系。

在本书的其余部分，我们会以不同学科的案例研究为例，对这些问题进行深入讨论。

2.2 什么是案例研究

所有研究都研究案例。案例指特定事物（例如人、动物、行星、公司、学校、艺术品、元素、政策、想法）的实例或例子。然而，这并不意味着所有的研究项目都是案例研究。

许多研究采用另外一种途径，它们关注个案一些有限的具体方面（通常称为变量，例如人的观点、动物的习惯、行星的轨道、公司的资产负债表），测量和考察它们的变化及其与其他变量的关系。这是科学或定量研究中采用的更为典型的方法。

“案例研究”一词应该是特指一种特定的研究设计，其重点是对一个或几个案例进行深入研究。然而，实践中案例研究的使用相当混乱和复杂：

> 将一项工作称为“案例研究”可能意味着：(1) 它的方法是定性的，采用的是小样本；(2) 研究是整体性的、丰富的（或多或少是对某一现象的全面考察）；(3) 利用特定类型的证据（例如民族志、临床、非实验、非调查、参与观察、过程追踪、历史、文档或实地研究）；(4) 证据收集方法是自然主义的（来自“现实生活情境”）；(5) 主题是发散的（案例和背景很难区分）；(6) 使用三角测量法（“证据的多重来源”）；(7) 考察单一样本的特性；(8) 考察单一现象、实例或例子的特性。(Gerring 2007, p. 17)

Gerring（2007，p. 18）进一步指出，案例研究有大量的变体或同义词：单一单元、单一主题、单个案例、N=1、基于案例、案例控制、案例历史、案例方法、案例记录、案例工作、案例内、临床研究。

那么，什么是案例研究？专栏 2－1 根据时间排序列出了文献中 11 个有代表性的案例研究定义。这些定义描述了随着时间的推移，我们对案例研究的理解的变化，以及不同时间点上这些理解的相似和不同之处。

专栏 2－1

案例研究的定义

一个案例研究基本上是对某些选定数据相关情况的一个阶段或整体描述。（Foreman，1948，p. 408）

案例研究希望捕捉单个案例的复杂性……案例研究研究单个案例的特殊性和复杂性，以了解其在重要情况下的活动。（Stake，1995，p. xi）

案例研究最鲜明的特征在于其限定的研究对象——案例……如果你在研究中感兴趣的现象本质上没有界限，那它就不是案例。（Merriam，1998，p. 27）

教育案例研究是一项实证调查，它在一个特定空间和时间的边界内进行……关注教育活动、程序、机构或系统一些有意思的方面；主要是在自然情境下和伦理上尊重人的前提下进行；目的是给从业人员或政策制定者的判断和决策提供信息；为那些相关领域的理论家服务；研究者通过这样的方式收集足够的数据，以便能够……探索案例的重要特征……提出合理的解释……检验其可靠性……构建有价值的观点……并且有说服力地向读者传递这一观点。（Bassey，1999，p. 58）

案例可以是个体，可以是一个群体，如家庭、班级、办公室或医院病房，可以是一个机构，如学校或工厂，也可以是一个大型社区——一个城市、一个行业、一个职业。所有这些都是单个案例，当然你也可以研究多个案例：一些单亲家长、几所学校、两个不同的职业。（Gillham，2000，p. 1）

案例研究是一种研究策略，本质上被认为是一种整体性研究，采用平行迭代的处理方式关注少数重点选择的案例，在自然情境中以开放式的方法观察，明确避免所有变体的狭隘视角，通过案例或子案例的分析比较，描述和解释错综复杂的群体属性、模式、结构或过程。（Verschuren，2003，p. 137）

一个案例研究……最好被定义为对单一单元的深入研究，目的是在更多的单元中推广。（Gerring，2004，p. 341）

案例研究是一种多范式和跨学科的启发式分析，它在所收集证据的基础上，对现象进行细致的分析。（VanWynsberghe and Khan，2007，p. 80）

案例研究是这样一种研究：（1）选择现实生活情境下的一个个案（单个案例研究）或少数个案（比较案例研究）；（2）以定性的方式对从这些案例中获得的数据进行分析。（Dul and Hak，2008，p. 4）

案例研究指对某一社会现象的研究：在一个社会系统（案例）的范围内，或者在少数几个社会系统（案例）的范围内……在案例的自然情境中……通过在特定时期对该现象的监测，或者事后收集该现象在特定时期的变化趋势信息……研究者关注过程追踪……在一个最开始比较广泛的研究问题指导下，研究者对数据进行探索，密切关注数据与预期不一致的方面，经过一段时间后逐渐确定更精确的研究问题……采用多种数据来源，主要的数据来源（按顺序）有可用的文档、访谈记录和参与式观察。(Swanborn，2010，p. 13)

案例研究是采用一种或多种方法对人、事件、决策、时期、项目、政策、机构或其他系统进行的整体性分析。作为研究对象的案例是一类现象的一个个案，它提供了一个分析框架——一个对象，使人们在这个框架内进行研究，并对案例进行阐述和说明。(Thomas，2011a，p. 23)

前三个定义侧重于我们对案例研究关键要素的普遍理解。在列出的最早定义中，Foreman 强调案例研究与一个特定的项目、事物或案例有关，或者用他的话说就是与“某些选定数据”有关。Stake 指出研究的案例既特殊又复杂，如果案例不特殊，那它就不会是一个案例，如果案例不复杂，那它几乎就不值得研究。Merriam 指出，案例需要界限或划界，正如她所说，如果不是这样，那它就不是案例，而且你也不是在开展案例研究，而是在开展其他类型的研究。

其他八个定义中的七个强调了案例研究的其他方面，对于这些方面，绝大多数案例研究者都会同意。Bassey，Verschuren，Dul，Hak 以及 Swanborn 都强调研究的案例要在“自然”或“现实生活”情境中。案例不是人为的实体，也不是实验，而是现实的一部分。从这一点来说，尽管案例是有界限的，但是案例与现实生活密不可分。

Verschuren 和 Thomas 都指出，案例研究是一个整体性的研究策略。我们研究（或至少试图研究）整个案例，而不是研究选定的某个方面。在实践中，这可能意味着在特定的时间段内，我们对案例进行尽可能深入的研究。Gillham，Dul，Hak 和 Swanborn 都强调，案例研究不一定局限于单个案例，也可能涉及两个或两个以上案例的比较研究。

然而，这些不同定义的某些要素可能落入了人们感兴趣或比较理想的范畴。Bassey 认为，案例研究应该关注“有意思的方面”和“重要特征”，进而提出构建“有价值的观点”，所有这些特征绝对是应该致力追求的特征，而且在案例研究启动的时候就应该关注，虽然最终不一定实现。尽管所有人都希望并力争让他们的观点有价值，但是对某个研究者来说有趣或有意思的事情对另一个研究者来说并不一定如此。

Gerring 指出，案例研究的目的是推广，这可能不一定总是可行，事实上有一些案例研究者并不认为这是案例研究的目标。研究案例的原因可能是研究者出于自身的兴趣，或者案例可能过于特殊，或者研究者可能不确定他们的发现是否能够概化。概化问题是案例研究的一个关键问题，我们将在第 3 章进行更详细的讨论。

Verschuren 认为，案例研究应该用“开放式的方法”进行观察，这一观点从实用性的角度来看可能存在问题。大多数研究者时间有限，没有办法只做一项研究。毕竟，案例研究的主要吸引力之一就是规模小与能聚焦。但是，在 Verschuren 的定义中，“平行迭代的处理方式”这一点不够明确，并将一个不必要的复杂术语引入了一个本来很直接的定义。

一些定义的其他要素太具体，可能会引起争议或者反对。Dul 和 Hak 认为，案例研究将以“定性的方式”进行分析，他们说的是自己的偏好和最常见的策略（尽管他们的偏好似乎直接与他们提到的“分数”相矛盾）。案例研究也有可能以定量的方式对整个案例或其中的一部分进行分析。然而，我们也要看到，不少人持有与 Dul 和 Hak 类似的观点。

Swanborn 的定义也存在类似的问题。他不必要地将案例研究限制在对“社会现象”的研究上，这可能是他的关注点和兴趣所在，而其他自然现象（例如疾病传播、气候模式、特定动物的狩猎策略）也可能使用案例研究方法。

也许 11 种定义中最不寻常的是 VanWynsberghe 和 Khan 的定义。他们将案例研究描述为“多范式和跨学科的启发式分析”，换句话说，这是一种几乎可以应用于任何情况的研究方法，这导致该定义含糊不清。虽然第二部分“在所收集证据的基础上，对现象进行细致的分析”似乎更为直接，但这一点同样适用于许多其他类型的研究设计。

当然，当我们讨论究竟什么是案例研究时，肯定会有各种不同的意见和理解，这是学术界和研究者发展人们思想的方式。所以，这些定义（也许还有很多其他定义）之间存在差异和分歧是一件很正常的事。但是，这些定义也存在明显的共性，澄清什么是案例研究有助于理解什么不是案例研究。

总而言之，我们有理由相信案例研究涉及如下内容：

- 对某一特定或若干案例的研究。
- 案例复杂且有边界。
- 在案例本来的自然情境下开展研究。
- 进行全面的分析。

正如我们已经指出的，案例研究不是实验（尽管它可以与实验研究结合起来使用，见第 6 章），也不是一项调查或大规模分析。案例研究是有意义的小规模研究（对于这一点，我们将在第 4 章详细讨论）。

2.3 案例研究的起源和历史

案例研究的历史是一个漫长而又复杂的问题，这里我们只做一个简单的介绍。

案例研究是研究设计的一种，它的发展包含并且证明了其在整个发展历程中不得不面对的问题和批评（这些将在第 3 章详细讨论）。案例研究的发展还进一步证明了“案例研究”以及类似术语在使用上的多样性，以及它在不同学科（下一节和第 5 章的主题）中的应用。

Burgess（1927）解释了早期案例研究在美国社会学中的应用。他指出，

"案例研究方法最早引入社会科学是用来辅助统计学的"(p. 114),统计学长期以来一直被认为是进行研究的最理想方式,在当下依然如此。换句话说,案例研究在很大程度上被看作补充的手段,提供详细的说明或范例来补充定量分析,而不是替代它们。

Burgess 认为,"作为社会学领域研究的方法,案例研究的实际引入由 Thomas 和 Znaniecki 实现,他们在 1918 年出版了《身处欧美的波兰农民》(The Polish Peasant in Europe and America)"(p. 116)一书,该书引入了案例研究,并将其作为社会学领域研究方法的一种(参见 Adelman,2015)。从这里可以看出,案例研究(至少在社会学领域)已经有约 100 年的历史。然后,不出所料,Burgess 在案例研究发展还不到 10 年的时候写道:"案例研究作为社会学方法的一种,显然还处于起步阶段"(p. 117)。然而,另外一些人认为案例研究的起源应该更早,Scholz 和 Tietje(2002,p. 4)提到了 1855 年法国社会学家 Le Play 的著作,这么算来案例研究的起源要比 Burgess 的说法早了半个多世纪。

在 Burgess 提出观点大约 20 年后,Symonds(1945)报告了案例研究当时的使用情况,尤其是在个性研究领域。从他的论证和结论中可以明显看出,尽管案例研究发展很快且已经被接受,但是统计和客观性更为重要:

> 为了改进案例研究,还有许多工作要做。对于案例素材的收集和处理,一方面,要确保评价的客观性和统计的严谨性,另一方面,永远不要忽视对人类个性的综合、动态和整体了解,这是案例研究方法的独特贡献。(p. 357)

为了与更"科学"的方法共存(特别是统计——经常拿来做比较的统计法),案例研究必须以适当严谨的方式进行(Burgess,1941;Cottrell,1941;Maxfield,1930;Stouffer,1941)。因此,从一开始,人们就致力于设计案例研究的共同标准或方法。

Foreman(1948)试图建立案例研究理论。他认为,案例研究使用三种数据:个人文档、参与者观察和第三人报告,并且在社会学研究中可以通过五种方式运用,"它们可能的服务目的有:(1)描述;(2)概念和假设形成;(3)假设检验;(4)预测或推测;(5)方法测试或优化"(p. 410)。他进一步考虑了案例记录的充分性、对它们的解释、如何进行判断以及棘手的研究结果推广问题。

然而,在 20 世纪 50 年代,案例研究在社会科学领域变得没那么受欢迎。正如 Platt(1992)在分析案例研究在美国方法论思想中的历史时指出:

> "案例研究"一词在美国方法论的讨论中扮演过多种角色,随着时间的推移而变化……其使用往往不精确,且带有意识形态的内涵,而不是分析性。(p. 17)

Platt 认为,战后案例研究受欢迎程度的下降与很多其他因素有关,包括人们越来越关注推广性和预测的问题、案例研究分析的呈现问题,以及发展更复杂的定量技术及数据库(在这一领域,美国的社会科学一直领先)的问题。

20 世纪 60 年代末和 70 年代,定性技术越来越重要与流行,尤其是在北美以外的地区，在这一背景下，研究者对案例研究的关注逐渐回升（Simons，1980，2009）：

> 过去的25年，社会科学从量化和大规模调查方法中转移，与此同时，在建立身份和社会关系方面，研究越来越重视语言和意义，案例研究方法有了明显的复兴态势。这就导致人们对案例研究进行了一系列的重新评估，并且更加强调社会研究中的生活经历、生活故事以及传记/自传。(David，2006，p. xxxix)

定性方法的发展和多样性（例如Denzin and Lincoln，2005a）都有助于案例研究成为当代流行的研究设计之一，并导致其被错误地认定为纯粹的定性方法。案例研究的规模和可获得性使其成为越来越多的本科毕业生、研究生和社会科学及其他领域的小规模研究者使用的研究设计之一。

2.4 不同学科中的案例研究

Swanborn（2010）认为，在案例研究的发展过程中，一些学科来源起到了重要的作用：

- 许多科学的成长和发展，如健康科学、临床心理治疗和法学（通常不被认为是科学），与案例研究密不可分。
- 社会科学的某些具体灵感来源由文化人类学中乡村或当地的传统研究构成。
- 第三个来源是社会学中的芝加哥学派。
- 在政治学中，基于案例研究建立理论的传统有历史根源。
- 心理学领域广为人知的是Sigmund Freud和其他心理分析家的研究。其后，在其他领域如个性心理学和临床心理学，对单独个体（案例）的研究才逐渐建立起来。
- 最近，许多政策领域（如社会工作、青年支持、劳动力市场中介、少数族裔融合）中的案例研究展示了新的推动力。(p. 11)

换句话说，案例研究有很多不同的“传统”，这些“传统”通常是在相互很少参考或者不知晓的情况下形成和推行起来的。不过，这在学术研究中并不罕见。政治学中案例研究的含义与社会学中案例研究的含义至少会有细微的差别，与其他一些学科中的实践也可能完全不同，如心理治疗或医疗保健。

案例研究在一系列学科中一直很重要。目前，在商业/管理领域尤其明显，并且盛行。例如，会计（Cooper and Morgan，2008）、行业营销管理（Beverland and Lindgren，2010）、国际商务（Piekkari，Welch and Paavilainen，2009）、运营管理（Voss，Tsikriktsis and Frohlich，2002）、公共管理（Barzelay，1993）和小企业研究（Chetty，1996）。

除了商业/管理领域，案例研究也与其他职业化学科密切相关，这些职业化学科在大多数大学和学院占据主导地位。在商业/管理领域之后，最显著的是健康/医学（Jones and Windholz，1990；Lukoff，Edwards and Miller，1998；Yin，1999）和教育（Snyder，2012；Stenhouse，1979）。其他有使用案例研究强势传统且现在仍然使用案例研究的职业化学科包括发展学（Vellema，Ton，de Roo and van Wijk，2013）、信息系统（Cavaye，1996；Dube and Pare，2003）、法学（Caulley and Dowdy，1987）以及社会工作（Lee，Mishna and Brennenstuhl，2010）。

然而，案例研究并不像已经指出的那样仅仅是职业化学科在使用，在所谓“纯”（不是应用）的学科中也被广泛实践。这些学科包括地理学（Curtis et al.，2000）、哲学（Ruzzene，2012）、政治学（Gerring，2006）、心理学（Stewart and Chambless，2010）和社会学（Burrawoy，1998）。

我们引用的一些研究为如何应用案例研究提供了实践指导，另一些研究则提供了对案例研究应用状况的调查。对于来自不同学科的和世界各地的案例研究分析示例，包括这里提到的，我们将在第 5 章做更详细的介绍和讨论。

2.5　案例研究的类型

案例研究者早已认识到案例研究有不同的种类或方式。专栏 2-2 列举了九种不同的分类，其中八种是过去 20 年间提出来的，另一种则提出更早。尽管这些分类是一些最有影响力和最为广泛引用的分类，但它们绝不是唯一分类。很明显，近期的分类会借鉴早期的分类（例如 Eckstein and Levy）。然而，所给出的九种分类呈现了不同提出者的不同考虑及其使用的不同专业术语，当然它们彼此之间也有一些共同之处。

专栏 2-2

案例研究的类型

1. 构造-特色型案例研究——处理“复杂的集体中的个体”
2. 约束-构造型案例研究——“采用特定框架来研究案例”
3. 启发型案例研究——“寻找答案”
4. 合理探究型案例研究——探究更广泛、更细致的研究是否有价值
5. 关键型案例研究——检验理论

(Eckstein，1975，pp. 97 - 113)

---

1. 集约案例研究（包括解释性案例研究）

“目标是对独特且典型的经历或事件进行史料分析描述或解释，这些事件成为通过理解特定事件发生背景而建立理论的基础。”

2. 比较案例研究（案例调查、案例比较、创造性解释）

“强调使用不同情景下的对比观察，并重视清晰概念的建立。”

3. 行动研究

“通过干预和观察变化过程来研究和学习的一系列案例研究。”

(Cunningham，1997，pp. 402，405)

1. 描述型（探索性描述、聚焦性描述）
2. 理论-启发型（采用扎根理论来构建理论、解释型研究）
3. 理论-检验型（采用扎根理论来检验命题）
（Edwards，1998）

1. 整体型
“整体型案例研究是一种完全定性方法，主要依赖叙述、现象描述。主题和假设可能重要，但应该从属于对个案的理解。”
2. 嵌入型
“嵌入型案例研究涉及多个分析单元或对象，通常不限于定性分析。”
（Scholz and Tietje，2002，p. 9）

1. 内在的
“开展一个研究从始至终是为了对特定案例有深入的了解。”
2. 工具性的
“对某个特定案例进行研究主要是为了深入了解某一问题，或者重新概括。”
3. 多个或集体的
“对许多案例进行联合研究以了解现象、人口或一般情况。”
（Stake，2005，p. 445）

1. 典型的
2. 多样的
3. 极端的
4. 偏离的
5. 有影响的
6. 关键的
7. 路径的（即选择阐明因果机制）
8. 最相似的
9. 最不同的
（Gerring，2007，pp. 89－90）

1. 个别化的（归纳或理论指导）
“旨在描述、说明或解释特定的案例，可以是归纳的或理论指导的。”
2. 假设形成
3. 假设检验
4. 合理探究（尝试性或说明性研究）
“假设形成和假设检验的中间步骤，包括说明性案例研究。”
（Levy，2008，p. 3）

1. 解释型或因果型
2. 描述型
3. 探索型
所有这些可能是单独使用或多个结合使用。
（Yin，2009，pp. 19－21）

1. 以案例本身为对象，目的是“观察与剖析对象所采用的分析框架或理论”
2. 目的和方法——以理论为中心或描述性的
3. 比较/非比较——考虑时间因素
(Thomas, 2011c, p. 511)

以上分类都非常简单，大多数的分类不超过 5 个类别，唯独 Gerring 分成了 9 类。其中，有些类别在新的层次水平上将前人的分类进行拆分，或者根据案例研究特征的变化区分为一系列维度或范围。

Thomas 的分类可能是最复杂的，它至少包括三个区别方法：关注的是对象（案例本身）还是目的（采用的理论框架）；以理论为中心还是以描述为中心；采用的是比较方法还是非比较方法。尽管表达方式不一定相同，但这些区别方法中的后两个在许多分类中都存在。

比较方法和非比较方法的区别在于，研究关注的是单个案例还是多个案例(Gillham 和 Swanborn 对案例研究的定义也强调这一点，见专栏 2－1)。Cunningham 把这种区别称为比较性的，Stake 和 Yin 使用了其他术语“多个”或“集体的”，而对 Scholz 和 Tietje 而言，这个因素被包含在他们的“嵌入型”类别中。

继 Eckstein 之后，Levy 也提出将“合理探究”作为案例研究的一种，这种研究目前更多地被称为试点研究。这种研究显然与单个/多个案例研究存在重叠，因为它意味着一旦试点研究完成，就需要吸取其经验与教训，并选择更多的案例进行研究。

案例研究是否关注理论也是一个关键问题。对于关注理论的案例研究，Eckstein 称其为“约束-构造型案例研究”；Cunningham 将之命名为“集约案例研究”；Edwards 将其区分为“理论-启发型”和“理论-检验型”两种；Levy 描述为“个别化的”类型（在某种程度上，区分为“假设形成”和“假设检验”两种类型）；Yin 将其描述为“解释型或因果型”案例研究。

另外，明显不关注理论的案例研究被 Edwards 和 Yin 称为“描述型案例研究”，Eckstein 则将其归类为“构造-特色型案例研究”。

有时，联合作者中只有其中一人在分类中强调其他要素。Scholz 和 Tietje 认为，整体和嵌入的区别是关于使用定性或定量方法的。Cunningham 将案例研究与其他研究设计联系起来时，将“行动研究”作为其中的一个分类（这一联系将在第 6 章进一步讨论和举例说明)。Edwards 提出了一种新的研究类型，他将扎根理论区分为“理论-启发型”和“理论-检验型”。Gerring 的分类比较特别，他强调的是个案与其所在总体之间的关系。

在上面介绍的八种分类中，没有出现其他区别。其中最值得注意的可能是教学型和研究型案例研究之间的区别，我们将在下一节对此进行讨论。

值得一提的是另外两位作者对这一讨论的贡献。首先，Mitchell（1984,

p. 239）将案例研究划分为两类：典型案例研究、有说服力的案例研究（参见 Gerring 的"典型的"和"关键的"）。

> 一个好的案例研究……能让分析人员在之前经常遇到的事件和现象之间建立理论上有效的联系。从这个角度来看，寻找一个"典型"的分析性展示案例可能不如寻找一个"有说服力"的案例有成效。一个有说服力的案例能够使之前难以理解的理论关系突然变得一目了然。

其次，Simons（2009，pp. 21－22）提到 Stake 的分类，即内在的、工具性的、集体的；指出理论指导的理论形成之后，还应该关注评估和民族志案例研究。最后两类一方面反映了案例研究的目的，另一方面反映了案例研究的特殊传统（第 6 章会对这两个问题进行更详细的讨论）。

这九种分类看起来没有一种让人完全满意，而且研究者使用不同的术语来表示同样的类别（或者基本上是同样的类别），这一点让人很困惑。以上分析表明，在考虑案例研究时，需要牢记三个主要因素：

- 研究者是专注于单个案例，还是涉及两个或两个以上案例的比较研究。
- 研究者是仅限于描述，还是涉及理论。
- 研究者的主要目的是服务教学，还是研究。

接下来，我们讨论以上三个因素中的第三个，第 8 章更详细地讨论前两个因素。

2.6 教学型与研究型案例研究

在一些学科中，案例研究被用作教学方法或研究方法，例如健康/医学领域（例如 Bair，1980）、法学领域（例如 Caulley and Dowdy，1987）和社会工作以及商业/管理研究领域（例如 Forman，2006；Garvin，2003；Zhao，1996）。案例研究还用于探索和例证特定的医疗条件、法律先例或商业问题。

以商业/管理为例，Romm 和 Mahler（1991）提出了"一种旧方法的新方式"，关注在教学中使用案例研究。他们为案例研究的使用提供了一套准则：

> 根据特定目标调整案例的使用，并将这些目标与多种多样且富有想象力的案例相关方法学进行匹配，我们可以将案例分析转变为与理论相关联、对个人有意义且令人愉悦的体验。（p. 300）

Contardo 和 Wensley（2004）也讨论了案例研究在教学中的应用，尤其是哈佛商学院，它因为坚持采用特定形式的案例方法所取得的成绩与受到的限制而受到关注。

虽然案例研究的应用范围广泛，并且教学型案例和研究型案例有重叠，但本书重点关注作为研究方法的案例研究。

2.7 小　结

在本章中，我们所做的工作有：

- 将案例研究定义为：研究某一特定案例或若干案例，案例复杂且有边界，在案例本来的自然情境下开展研究，希望进行全面的分析。
- 指出案例研究有各种不同的类型，有可能是单案例研究，有可能是多案例研究；有可能是描述型的案例研究，也有可能是理论导向型案例研究。
- 尽管案例研究已经诞生至少一个世纪，但随着时间的推移，案例研究的受欢迎程度和使用情况各不相同。
- 许多学科都在使用案例研究，案例研究既可用于教学，也可用于研究。

2.8 重要文献

从到目前为止的讨论和列出的文献中可以清楚地看出，本书既不是第一本也不是唯一一本案例研究方法图书。还有几本介绍性的案例研究方法图书，感兴趣的读者可以进一步阅读，包括：

Gillham, B (2000) *Case Study Research Methods*. London, Continuum.

Stake, R (1995) *The Art of Case Study Research*. Thousand Oaks, CA, Sage.

Swanborn, P (2010) *Case Study Research: What, why and how?* London, Sage.

Thomas, G (2011a) *How to Do Your Case Study: A guide for students and researchers*. London, Sage.

Yin, R (2009) *Case Study Research: Design and methods* (4th edition). Thousand Oaks, CA, Sage.

第3章

案例研究的关键争论

Key Debates in Case Study Research

3.1 引 言

无论是正面的案例研究还是负面的案例研究，都吸引了人们极大的关注。本章详细讨论了几十年来一直围绕案例研究所进行的关键讨论。

我们首先从不同的视角考虑案例研究是什么以及它不是什么。它是一种研究方法、一种方式（approach）、一种风格、一种策略、一种设计，还是所有这些？然后，我们依据其他可能的和流行的研究形式，如纵向研究、横截面研究和实验研究，从比较的视角考虑案例研究。本章还讨论了定性与定量研究中的案例研究。

其次，对围绕案例研究的持续辩论进行回顾。一方面，从积极的角度，我们明确了案例研究的优点和可取的性质。另一方面，我们讨论了案例研究的缺点，特别是关于概化、信度和效度的问题，以及对这些问题做出的回应。

最后，我们讨论了对案例研究的一种批评：案例研究是如此流行和界定不清，以至于每一项研究都可以称为案例研究（或者也可能是多案例研究）。

3.2 案例研究的不同观点

不同社会研究方法文献对案例研究的重视程度各不相同。一些文献忽略或几乎不提案例研究，显然认为它不是一种主要的研究设计方法，另一些文献则给予它相当大的篇幅。因此，May（2001）在关于参与者观察这一章的结尾，仅用一页半的篇幅谈及案例研究，将其与参与者观察相联系并进行比较。Blaxter，Hughes 和 Tight（2006）用三页多的篇幅描述案例研究，把它作为一种研究方式，与行动研究、实验和调查列在一起。

那些对案例研究有更详细讨论的人倾向于采用不同的方法来呈现案例研究。例如，Punch（2005）将案例研究作为一种定性研究设计的方式来讨论，为其分配了七页的篇幅，将其与民族志、扎根理论和行动研究相提并论。他对“什么是案例研究”这个问题的回答如下：

> 基本思想是，使用任何合适的方法详细研究一个案例（或者几个案例）。虽然可能有各种各样的具体目的和研究问题，但总的目标是尽可能充分了解该案例。（p. 144）

他承认案例研究“与其说是一种方法，不如说是一种策略”（p. 144），并承认：

> 几乎任何事情都可以作为一个案例，而且案例可能或简单或复杂。但是……我们可以将一个案例定义为在一定背景下发生的某种现象。因此，这个案例可能是一个个体、一个角色、一个小群体、一个组织、一个社区，或者一个国家。它也可以是一个决定、一个政策、一个过程，或者某个事件或活动，同时还有其他的可能性。（p. 144）

Burns（2000）采用了类似的方法，将案例研究作为一种定性方法，将其与人种学研究、非结构化访谈、行动研究和历史研究并列。像这些方法一样，案例研究占据了整整一章的篇幅，共计 22 页。Burns 发表了一些发人深省的评论：

> 遗憾的是，这个案例研究被用作一种“包罗万象”的方法，用于任何不符合实验、调查或历史方法的研究。该术语也被随意地用作民族志、参与观察、自然主义探究和田野调查的同义词……案例研究并不是这些方法的统称，而是特指涉及观察一个研究单元，例如一个学生、一个犯罪集团、一个家庭、一个班级、一个学校、一个社区和事件，甚至是一个完整的文化。（p. 459）

Bryman（2004）将案例研究视为一种研究设计，但与 Punch 和 Burns 不同的是，他并不认为它是纯粹定性的。他的报告对案例研究与实验、横截面、纵向和比较设计做了区分。Bryman 指出：

> 案例研究通常与一个地点相联系，例如社区或组织，重点往往集中在对场景的考察上。有一种将案例研究与定性研究相联系的倾向，但这种判断并不恰当……在案例研究中，定量和定性研究方法都会被使用。（p. 49）

Cohen，Manion 和 Morrison（2007）采用另一种方式，将案例研究视为具有一种教育研究的风格，将其与民族志的、历史的、行动的、实验的、互联网的和调查的风格相结合。他们认为案例研究：

- 具有帮助确定其性质的时间特征。
- 具有允许对其进行界定的空间参数。
- 具有定义允许的边界。
- 可被一个人在特定的情境和特定的时空定义。
- 可由群体的特征定义。
- 可由角色或功能定义。
- 可被组织或制度安排所塑造。（p. 254）

这一系列的特征似乎都是既宽泛又重复的。

当然，我们还可以考察其他社会研究方法教材，但从上述几本教材中就已经可以看到人们对案例研究的看法大相径庭。通过判断这些教材（见专栏 3-1 的总结），我们可将案例研究看作一种方法、方式、风格、策略或设计。而且，无论案例研究是其中哪一种，它都可以与广泛且不同的其他社会研究方式、方法、风格、策略或设计相联系。这些研究可能包括行动研究、比较研究、横截面研究、民族志研究、实验研究、扎根理论、历史研究、基于互联网的研究、访谈、纵向研究和调查（这些联系在下一节中会进一步讨论）。

专栏 3-1

案例研究的不同分类

Punch（2005）：定向研究设计的方式

- 案例研究
- 民族志研究
- 扎根理论
- 行动研究

Burns（2000）：定性方法

- 民族志研究
- 非结构化访谈
- 行动研究
- 案例研究
- 历史研究

Bryman（2004）：研究设计

- 实验设计
- 横截面设计
- 纵向设计
- 案例研究设计
- 比较设计

Cohen，Manion 和 Morrison（2007）：教育研究方法

- 自然主义和民族志研究
- 历史与文献研究
- 调查、纵向、横截面和趋势研究
- 基于互联网的研究和计算机的使用
- 案例研究
- 回溯研究
- 实验、准实验、单案例研究、元分析
- 行动研究

我们能不能更清楚地了解什么是案例研究？Verschuren（2003）在一份经

过仔细考虑的评估中，提出“澄清案例研究作为研究方法论的一些模棱两可和错误的概念，并将其更清晰地定义为研究策略”（p. 122）。他注意到实践者在如下几个方面存在差异：（1）案例研究的研究对象与我们看待它的方式；（2）使用的研究方法；（3）获得结果的充分性（p. 122）。他认为，作为一种研究方法，案例研究的主要特征是，它是一种整体而非还原论的方式（p. 128），它对观察对象和用于产生研究材料的方法都有影响。

当然，对于发现案例研究已经以各种各样的方式被解释（参见第2章关于案例研究的讨论），我们不会感到惊讶。同样，我们也乐意接受关于方法、方式、风格、策略和设计的术语，因为它们被用于研究讨论中，且含义有重叠。尽管如此，在本章的其余部分和全书，把事情描述得更明确还是有帮助的。

我个人的观点是，把案例研究看作研究设计是最合理的，因为它代表了一种从事一个或几个特定研究项目的方法。与其他研究设计一样，在这种研究设计中可以采用特定的方法开展研究。

3.3　作为研究设计的案例研究

与其他研究设计相比，案例研究的不同之处在哪里？我们已经看到（见专栏3-1）不同作者对各种研究设计（案例研究被当作其中一种）所做的分类。因此，不存在单一的、确定的、被广泛接受的研究设计分类。

不过，我们会更详细地研究 Bryman（2004）提出的一个分类。在我看来，Bryman 的分类有相当大的优点，既易懂又结构整齐。他首先解释了研究设计的含义：

> 研究设计为数据的收集和分析提供了一个框架。研究设计的选择反映了研究者对研究过程中一系列维度的优先考虑，这些因素包括：更关注变量之间因果关系的表达；在特定的社会背景下……推广到更大的群体……理解行为；对社会现象有一个时序性的评估。（p. 27）

然后，他确定了五种研究设计：实验设计（操纵一个变量，衡量它对另一个变量的影响）、横截面设计（“收集多个案例在单个时间点上的数据”（p. 41））、纵向设计（至少在两个不同的场合重复收集数据）、案例研究设计（Bryman 将其定义为“单个案例的详细和深入分析”（p. 48））和比较设计（“使用差不多相同的方法对两个案例进行对比研究”（p. 53））。

在 Bryman 的术语中，案例研究作为一种研究设计，较少关注建立因果关系、概化或者时序性关联；相反，它关注的是“理解特定社会背景下的行为”。换句话说，如果你正在从事一个研究项目，目的是了解存在于某一社会背景下的行为的某些方面，那么案例研究是一种显而易见的、合适的研究设计。

有趣的是，案例研究也是 Bryman 提出的其他四种研究设计中至少三种可能会采用的方式之一（请注意，我现在是使用术语“方式”（approach）而不是“设计”来表示另一种采用案例研究的研究设计）。实际上，这显然是 Bryman 在“项目”或“单个”的意义上使用“案例”一词所暗示的。因此，比较设计或横截面设计可以采用多案例研究方法（尽管在这里调查是更加显而易见的方法），纵向设计可能涉及在许多场合进行同一个案例研究或一些案例研究。

在 Bryman 的五种研究设计中，唯一不能将案例研究称为它的研究方式的是实验设计，即便如此，实验设计中所包含的变量操纵也可发生在案例中（参见第 6 章中将实验作为可与案例研究相结合的研究设计的讨论）。当然，这个讨论说明的是在讨论、区分案例研究与案例时所需注意的问题。正如第 2 章指出的，所有的研究都涉及以某种形式进行案例研究；案例研究是一项研究设计，侧重于对某个特定案例或多个案例的详细研究。

3.4 定性/定量的争论

> 对“案例”这个术语的不同界定是定量和定性社会科学之间长期存在的鸿沟的核心……定量研究人员关注多个案例，而定性研究人员只关注一个或少数几个案例，这种观点只能通过改变案例的含义才能存在……应该抵制混淆定性研究和案例研究的倾向。（Ragin，1992a，pp. 3 - 4）

正如已经强调过的，在考虑案例研究的定义时，一些作者认为案例研究完全或主要是定性的（Punch 在 2005 年“定性研究设计方法”中的分类、Burns 在 2000 年“定性方法”中的分类，以及专栏 3 - 1 中的总结，提供了这一趋势的例子）。第 2 章在介绍案例研究的起源和历史时，也出现了关于案例研究与统计学（即定量）方法之间关系的争论。因此，很重要的一点是，要明确案例研究在定性/定量辩论中的立场。

正如你们所知，关于定性和定量研究相对优点的争论已经耗费了大量的精力和篇幅，而且这方面的很多研究并不是特别有效。在辩论中，反对者通常会对对方的假设和实践进行刻板的或具有误导性的陈述，以便更好地批评和打击他们。事实上，关于定性和定量研究是基于世界是什么以及如何研究世界的不同视角这种观点是很常见的。如果是这样，那么在同一研究中同时采用定性和定量方法是非常困难的，而且有些人甚至认为这是不可能的。

因此，定量研究人员可能会将自己划入科学方法阵营，将自己描绘为关于世界（社会的或物质的）以及世界是如何运行的客观事实的搜索者，并将定性研究看作主观的、小规模的和缺乏严谨性的。定性研究人员可能会强调其数据和分析的丰富性和深度，同时指责定量研究的肤浅性，认为一切（当然不是指社会世界）不能简单归结为数字。

当然，通常情况下，这些偏好与相关研究人员的技能相关。例如，一些人对大型数据集和多变量分析满腔热情；另一些人则更乐于与自然环境中的其他人交谈或观察。这可能也反映了他们关于什么是知识以及知识是如何被获取或发展的深层世界观（即他们的本体论和认识论）。

然而，现在更务实的研究人员（如你可能想到的那样，我是其中之一）已经远离这些争论，他们认为同时利用定性和定量方法的混合研究方法可以提供更多的东西（例如 Bryman，2004；Scott，2007；Tashakkori and Teddlie，1998）。事实上，我认为所有的研究人员（或者至少是社会研究人员）应该能够同时使用和解释定性和定量方法，至少能对这两种方法有某种程度的理解。

这一论点可能也适用于案例研究，尽管它有时被归为定性研究（可能是由于其典型的小规模、详细特征），也可能同时使用定量技术和定性技术，或者用定性技术替代定性方法。因此，采用定量数据和方法进行案例研究是可行的，也是可接受的。所以，在《案例方法 Sage 手册》（*Sage Handbook of Case-based Methods*）中，有5章采用基于案例方法的定量方法，有5章采用定性方法（Byrne and Ragin，2009）。

Ragin（2000）提出另一种方式——模糊设定法来进行案例研究。模糊设定法认为，研究人员可能无法将某个案例完全归为一个特定的群体（例如，该案例是一个国家，且我们正在研究民主，那么这个国家是完全民主的吗?），但可以给予其一个比例数字（例如70%的民主），这样就可以对多案例研究进行定性与定量的交叉分析。

3.5 关于案例研究的争论

关于案例研究的批评和争论由来已久（参见第2章关于案例研究的起源和历史的讨论；对于近期发表的现在也具有历史意义的文献，请参阅 Atkinson and Delamont，1985；Mitchell，1983；Platt，1992），因此，那些赞成或使用案例研究作为研究设计的人，往往觉得有义务为他们的选择辩护。例如，Mitchell 以严谨性为案例研究提供了有力的辩护：

> 任何形式的案例研究都是一种可靠和可敬的社会分析程序，而且……对其可靠性和有效性的大量批评基于对分析人员从个案研究外推到一般社会过程的合理性基础的误解……外推的有效性不取决于案例的典型性或代表性，而取决于理论推理的有效性。（Mitchell，1983，p. 207）

请注意，Mitchell 直接提到了外推（通常称为概化）和理论推理的问题。正如我们将看到的，它们在对案例研究的讨论中反复出现。

案例研究的支持者也经常揣测他们的批评者，识别并列举（至少是一些）批评者对案例研究的批评，然后对这些批评做出回应。对于这些练习，他们常常会产生一种“设置纸老虎”的感觉，所提出的批评会以一种非常显而易见的方式呈现，这有助于他们自己开展尖锐的反驳；有时，他们可能会防御过度。

最近，由 Flyvbjerg（2004）提供的一项分析作为一个范例值得考虑：

> 关于案例研究的传统观点存在的问题可以归纳为围绕这种研究的性质

所产生的五种误解或过度简化：

1. 一般来说，理论（与情境无关的）知识比具体的、实际的（与情境相关的）知识更有价值。

2. 不能以个案为基础进行概化，因此，案例研究对科学发展没有帮助。

3. 案例研究对生成假设是最有用的，这是整个研究过程的第一阶段，而其他方法更适用于假设检验和理论构建。

4. 案例研究存在验证偏差，即存在证实研究人员先入为主观念的倾向。

5. 在具体案例研究的基础上，总结和发展一般命题和理论往往是困难的。

这五种误解表明，问题在于理论、信度和效度。换句话说，案例研究是一种科学方法。(Flyvbjerg，2004，p. 391；参见 Ruddin，2006)

然后，Flyvbjerg 继续向每一个误解发起挑战。对于第一个误解，他认为在社会研究中，“我们只有特定的案例和相关的知识”(2004，p. 392)。我们可能会认为这句话千真万确，所有研究正如我们所论证的，都涉及案例的研究，而现在很少有社会研究人员认为他们在寻求“客观”的知识。然而，Flyvbjerg 的反驳强调了其对“现实”的特殊观点，否定了那些正在寻找普遍规律或解释的人的观点。

对于第二个误解，Flyvbjerg 认为这取决于案例和选择的方式。这一论点在他看来也处理了第三种误解。因为他还注意到选择极端的、关键的甚至是典型的案例来进行研究似乎是一种相当古板的回应。是否真的可以总是选择那些与研究特别相关的案例，并且在研究这些案例之前，总是能知道案例是适合的？

在这方面，Flyvbjerg 似乎得到了 Yin (2003) 的支持，Yin 提供了一系列研究单个案例的基本原理，而 Stake 甚至声称“案例研究的真实特征是具体化的而不是概化的”(1995，p. 8)。相比之下，Mitchell (1983) 在前面的引文中就证明了这一点，他也关注从研究的特定情况出发的概化，但仅在理论上关注。

关于第四种误解，Flyvbjerg 认为这种批评对于所有的社会研究方法来说都是正确的，因此并没有将其特别应用于案例研究。这是一个我感到很有共鸣的论点，进行研究的动机通常是证明研究者的假设、观点或直觉是正确的。

Flyvbjerg 提出的第五种误解似乎与他的第二种误解重叠，他认为：

总结案例研究中存在的问题，这些问题更多的是研究对象的特性导致的问题，而非研究方法本身的问题。通常情况下，总结和归纳案例研究是不可取的，好的研究应该被看作完整的叙述。(2004，p. 402)

对我来说，这似乎是一个很大的问题，无论是针对读者还是针对批评者。因此，人们不得不怀疑 Flyvbjerg 能否和他的批评者们（真实的或想象中的）和解，他们似乎对社会研究中最重要的内容有广泛的分歧。

对案例研究现状的关注在过去 30 年带来了一系列会议和文献（例如 Feagin，Orum and Sjoberg，1991；Gomm，Mammersily and Foster，2000a；Ragin and Becker，1992）。这不仅仅是为了辩护，更是为了论证，案例研究是一项有用且重要的研究设计，这一点也反映在最近社会研究人员对其欢迎程度的提高上（David，2006）。

Feagin，Orum 和 Sjoberg（1991）观点的前提是"社会科学家需要更多地使用案例研究方法来研究社会生活"（p. 7）。然后，他们概述了如何处理信度和效度问题（通过开展团队研究和三角化数据源），并在案例研究的情境提供了详细的阅读材料来证明优势。

Ragin（1992a）在考察"什么是案例"时认为，对案例研究批评的回应隐含于实践中：

> 大多数社会科学观念中关于案例分析的隐含观点是，调查对象足够相似和足够分离可以将它们视为同一个普遍现象的可比事例……进行案例研究的社会科学家认为，他们的案例是典型的、示范性的、极端的或以其他方式在理论上起决定作用。因此，甚至是在案例研究中，对所选择案例与其他案例之间关系的陈述也常常会涉及重复原则。（pp. 1 - 2）

换句话说，正如 Flyvbjerg（2004）所指出的，也正如大多数社会研究人员从事案例研究时所承认的，最重要的是对要研究的一个案例或多个案例的选择。虽然选择的研究案例可能并不总是堪称典范，但就选择的理由必须给出解释并且有道理，以便已完成的案例研究能为其他感兴趣的研究人员所使用（案例的实用性将在第 8 章"抽样和选择问题"部分叙述）。

Gomm，Hammersley 和 Foster（2000b）认为，"虽然一些案例研究可以避免'概化问题'，因为研究的案例具有足够的内在相关性，但大多数情况下并非如此"（p. 102）。然后，他们提出将得出一般性结论的有效策略外推到更大的群体或案例中，这些策略包括理论推理和经验概括。

在理论问题上，Hammersley，Gomm 和 Foster（2000）指出，案例研究的践行者提出了两个主要理由：理论/关系可以直接在案例中感知（参见 Mitchell，1983），或者可以通过应用某种形式的比较方法来感知；在他们看来，前者必然依赖后者。他们认为仍然存在一些亟待解决的问题：

> 其中一些问题具有实用性，例如，有效使用比较分析可能需要对相当多的案例进行调查。另一些问题则更为基本，例如，我们能否合理地假设人类行为的确定性法则。（p. 252）

但是，他们似乎相信这些问题可以通过做更多的工作来解决。之前，

Hammersley（1992）提出用另一种可能的方法来进行案例研究，即：

> “案例研究”被定义为众多策略中的一种案例选择策略，其他策略如实验和调查……与调查相比，将研究概化为特定群体（这是其中一方面）与信息的细节化和准确性（这是另一方面）之间存在权衡。与实验相比，案例研究涉及变量控制与反应程度的权衡问题。(pp. 184，196)

然而，尽管这似乎是一种很清晰的和有道理的（无疑是不可否认的）合理化，但它似乎并没有进一步推进辩论。Verschuren（2003）认为，单案例研究应该降格并被称为“案例探讨”。然而，标签的简单变更无论如何都不会得到普遍的认同和指导行动，也不能真正解决根本问题。

George 和 Bennett（2005）从政治学的角度对案例研究方法进行了有力的辩护和阐释，他们认为：

> 在统计方法和正式模型较弱的情况下，案例研究通常很有说服力。我们确定了案例研究方法的四大优势，这些方法使它们在测试假设中很有价值，并且对理论发展特别有用。它们可能具有高效度；推导新假说的过程很有力；作为一种有用的手段，可以在个案中仔细研究因果机制的假设作用；具有探讨因果复杂性的能力。(p. 19)

然后，他们以一种平衡方式找出权衡、局限与潜在的陷阱：

> 经常发生的权衡包括：案例选择问题；简约性与丰富性之间的取舍；特定案例的内部有效性与历史的解释同应用于更广泛群体的概化之间的矛盾关系。固有的局限包括不能对特定案例的频率或代表性做出判断，而且对样本变量平均“因果效应”进行估计的能力较弱。潜在的陷阱包括案例的不确定性和缺乏独立性。(p. 22)

换句话说，潜在的权衡、局限和陷阱似乎与案例研究的优势一样明显。然而，对于其他研究设计也可以这样说，而且作为研究人员，我们必须充分利用现有的设计。

当然，关于将案例研究作为研究设计的争论仍在继续，你会在本书中找到详细的回应。

3.6 案例研究的优点和可取之处

以上的争论使我们能够列出案例研究作为一种研究设计的优点、缺点（见专栏 3-2）。作为补充，我在这里增加了第三点，描述同其他形式的研究一样的案例研究所应努力具备的性质，但实际上可能做不到。在这一小节，我们将讨论优点和可取之处，而下一小节将以更长的篇幅重点讨论已知缺点以及对其所做的回应。

专栏 3-2

案例研究的优点、缺点与理想之处

优点

- 深入的/详细的/具体的
- 整体的
- 典型的/有代表性的
- 关键的/极端的
- 可行的/有边界的

缺点

- 概化能力
- 可靠性（信度）
- 有效性（效度）

理想之处

- 严谨性
- 理论框架
- 三角测量/对比研究

正如专栏 3-2 所暗示的，我认为案例研究具有更多的关键优点，而不是关键缺点。首先，案例研究是深入的、详细的和具体的，研究可以密切关注案例，并对其进行深入的研究。其次，研究是全面的，旨在了解所有的事情，或者至少尽可能多地了解案例的特殊性。这些特征与许多其他研究形成了对比，其他研究往往侧重于有限范围的变量或因素，并且不可避免地过于简化，而没有深入探究正在发生的事情。

再次，研究的案例可能是典型的或具有代表性的，正如我们已经看到的那样，这些特点可以为“缺乏概化能力”这样的指责提供一个答案。因为如果这个案例是典型的或例证性的，并且可以得到验证和论证，那么实现研究概化的可能性就会显著提高（尽管研究者可能仍然需要进行两个或更多的典型案例研究来说服大家）。或者说，如果正在研究的案例是关键的或极端的，则不太需要讨论概化，因为案例的这种特殊性（不寻常的性质）很重要。

最后，从小规模研究者的角度来看，案例研究的一个非常重要的优势是它是有界限的，因此它更可行。当研究者可付出的资源——时间资源或其他资源存在限制时，他们能够严格准确地限定将要研究的内容是非常务实的。

当然，与此同时，研究者仍然希望完成一项有用和有意义的研究，而这应该也是可行的。研究不总能改变世界（也很少能做到，即使“世界”被认为只是研究者在某个特定时刻特别感兴趣的那一小部分），但它总能超越研究者本人的兴趣与案例自身。

在确定案例研究的三个理想之处时，专栏 3-2 表明如何从事有用和有意义的案例研究（第 4 章将对此进行更详细的讨论）。第一，需要严谨对待案例研究（详见第 8 章和第 9 章，以了解如何做到这一点）。第二，案例研究应该有一个理论框架，使人们能够更全面地理解它的工作原理（第 8 章将对此进行更详细的讨论）。第三，将案例研究的结果以某种方式进行三角化处理（例如，通过与其他类似案例研究或其他类型的证据进行比较）是非常有必要的。

其他研究者提出了与专栏 3－2 类似的列表。大约 40 年前，Adelman，Jenkins 和 Kemmis（1976）制作了一个他们称为案例研究“可能的优点”的列表：

- 案例研究数据“实际上很强大”，但难以组织。
- 案例研究允许对一个实例进行概化或从一个实例外推到一类情况。
- 案例研究认识到社会真理的复杂性和“嵌入性”。
- 作为一个产品，案例研究可以形成描述性材料和档案的充分丰富性，便于随后对这些材料进行重新解释。
- 案例研究是“采取行动的一步”……它们的见解可以直接解释并投入使用。
- 案例研究以比其他类型研究报告更加公开的形式提供研究或评估数据。(pp. 148－149)

最近，Simons（2009）对案例研究的优点进行了以下总结：

- 使用定性方法进行案例研究尤其能够增加经验、提高研究项目的复杂性和深化研究策略。
- 案例研究可以记录多个视角，探索有争议的观点，展示主要参与者的影响以及他们讲故事时的互动。
- 案例研究有助于探索和了解变革的过程和动态。
- 案例研究具有灵活性，它既不依赖时间也不受方法的限制。
- 以易懂的语言撰写的案例研究包括案例中人物的短片和客串、对事件和情境的直接观察，可让读者间接地体验这些事物。
- 案例研究有可能使参与者加入到研究过程中。(p. 23)

这些列表都证实并补充了专栏 3－2 中确定的优点，并从更直观的角度看待开展案例研究更广泛的目的。

3.7　案例研究的缺点以及对这些缺点的回应

专栏 3－2 指出了案例研究的三个关键缺点涉及概化能力、可靠性和有效性（或者更确切地说，研究者认为案例研究缺乏这些特性）。这些弱点，尤其是缺乏概化能力，受到持续不断的批评，案例研究的实践者最好能意识到这些批评，并做出适当的回应。当然，一个恰当的回应应该强调案例研究的优势。本节采用的另一种方法是探索和更好地理解这些批评，并讨论如何应对这些批评。我们首先来看概化能力，然后是可靠性（信度）和有效性（效度），最后是一些不太常见的问题。

正如我们已经指出的，这些问题在案例研究方面已经得到广泛和激烈的讨论。因此，很重要的一点是要强调它们是所有研究设计需要考虑的问题。事实上，与大多数此类标准一样，它们起源于定量和科学研究，这就提出了一个问题：定性和社会科学研究是否可以或应该以同样的方式判断？正如我指出的，虽然案例研究的具体过程可能是定量的、定性的，或者两者兼有，但这些问题都特定指向了案例研究，因为定量研究通常是规模较大的，而案例研究明显是小规模的，因此总是容易受到这些方面的批评。

3.7.1 概化能力

在案例研究中，单个与一般的关系一直是讨论主题。事实上，它是所有讨论的问题中争议最大的（例如 Bassey，1981；Kennedy，1979），这是案例研究设计需要认识的一个基本问题。当然，如果所研究的案例是因其特殊性或极端特征被选中的，这可能就不是一个重要问题。因为它是不寻常的，也许是独一无二的，所以它是有趣的。然而，除非研究者能够证明所研究的案例是典型的，否则从研究结果中概化是有问题的。

对概化能力的一种常见反应是，对同一主题进行单概化案例研究的积累，以识别其相似性和差异性。这确实是案例研究在某些学科中长期使用的方式，例如，在 20 世纪 80 年代，Tripp（1985）认为：

> 我们必须找到利用我们现有案例研究累积智慧的方法……我们还需要建立类似于法律体系案例的档案，以及建立更正式的组织和广泛的网络，使教师和研究者可以通过网络相互交流。（p. 41）

Greene 和 David（1984）采取了类似的立场，他们说，“从多个案例研究（在由一个多案例研究设计提供的结构中）得出的结论有良好的（归纳）逻辑”（p. 82）。Jensen 和 Rodgers（2001）似乎也同意这一观点，他们认为元分析（即收集和重新分析研究同一主题的案例集，第 7 章进一步讨论元分析，在这一章，我们发现并讨论了一系列现有的关于案例研究的元分析）可以用来累积他们所谓的案例研究的“知识黄金”。

因此，多案例研究设计提供了一个明显且可接受的策略，用于从案例研究结果中归纳总结。但是，如果你没有多案例研究结果可用，你只能进行单案例研究（或者仅限于有限的数量案例）的设计，你将怎么办？此时是否仍然存在概化能力？

Evers 和 Wu（2006）认为，从单个案例中归纳出结论是可能的，但这并不简单，也不容易：

> 能够从单个案例中合理地归纳是一个复杂且困难的问题，这一任务是由三个重要因素决定的。首先，案例的结构比通常设想的要多得多……其

次，研究者研究案例所需的知识比通常设想的要多得多……最后，通过时间的推移和不断变化的环境进行持续调查的轨迹使得研究者的期望与观察到的现象之间的匹配不太可能成为纯巧合。(p. 524)

他们争论的似乎是研究者的经验是一个关键因素，这与他们知道研究的案例到底有多么典型有关，他们之前也许做过其他类似的案例研究，并对其有一个相关的认识。相比之下，一个年轻的缺乏经验的教师或研究生也许是第一次进行案例研究，对他来说试图从发现中进行概化（即得出一般性的结论）是不可取的。

Thomas（2011b）提醒我们，概化是贯穿整个社会科学的一个问题，绝不仅限于案例研究。他的理由是，"寻求任何形式的概化知识，无论是日常知识还是特殊知识，都会漏掉某类研究方法可能提供的观点，这是常识"（p. 33）。我们研究某个特定案例是因为它存在有趣之处和我们可从中学到东西。这些发现是否适用于其他情况可能超出了研究的范围，但至少在一定程度上是其他研究者的研究内容。

Mjoset（2006）提出了一个关于概化的进一步的实用主义观点，即"超越自然/社会科学二分法"，并以以色列/巴勒斯坦冲突为例。不过，这可能是所谓的一个关键案例，对以色列/巴勒斯坦冲突的研究是大家普遍关心的。因为它直接影响数百万人，而且间接的影响更大（特别是如果它有助于形成某种解决方案），所以其价值将更加明显（这个案例研究在第 7 章中详细讨论）。

Ruzzene（2012）对这一困境提供了进一步的回应，认为"重点应该放在研究的可比性，而不是案例的典型性"（p. 99）。这再次暗示了一种多案例研究方法，即使案例研究是由不同的研究者进行的（也可能还没有进行）。换句话说，人们可以研究一个班级或一家小型企业，其他一些对学校或企业感兴趣的人可以继续探究这些研究发现的相关性。

所有这些作者和例子都有一个共同点，那就是认识到概化问题没有简单的答案。然而，每次进行案例研究时，人们都必须正视并解决这个问题。你是否正在进行案例研究，并将其与其他类似或相关的案例研究进行比较？这种比较是否由你或其他人进行？你是否正在进行一个典型的、例证性的或指示性的案例研究？这些发现是否应该具有更广泛的适用性？或者，你是否正在进行一个案例研究，且这个案例研究非常特殊或极端？

当然，研究者可能还不知道这些问题的答案（可能很常见，特别是新手）。但是，这些问题仍然需要得到识别和解决（涉及的实际问题将在第 8 章的"抽样和选择问题"一节进一步讨论）。

3.7.2 效度和信度

效度是指你收集的数据能否恰当回答你想要回答的问题。信度是指另一研究者以同样的方式收集相同的数据是否会产生同样的结果。显然，这些与概化能力相关。其他研究者会根据这两个方面来看待你的研究成果，并判断研究的质量和有用性。

Kazdin（1981）从事临床心理学研究，他认为“案例研究是科学验证推论的一个潜在来源，因为不能以实验形式排除对内部效度的威胁”（p. 183）。他随后确定了一套程序，至少在一定程度上克服了这些威胁：

> 由临床研究人员控制的具体程序可以影响案例论证的力度。首先，研究人员可以收集客观数据来代替那些传闻性报告信息，并需要用明确的测验方式来证明实际发生的变化。其次，可以在治疗前、治疗期间和治疗后多次评估患者的表现。持续评估有助于排除与测验有关的竞争性假设，而简单的前-后治疗评估策略无法完成这种测验。最后，临床研究人员可以积累以相似方式治疗和评估的病例。这不一定需要大样本，只需要对若干患者资料的系统化积累。随着患者数量和异质性的增加，以及患者在不同时点接受治疗，历史和成熟度作为替代性竞争假设会变得更加不可接受。（p. 190）

Kazdin很明显是在科学体系内从事研究，因为他会使用“客观”和“事实”这样的词，以及依赖精细测量（显然他也做定量案例研究）。他的另外两个建议策略与提倡概化的策略相似，对定性和社会研究者也有帮助。他的策略是依据时间顺序对案例进行评估（时间序列研究设计与案例研究结合使用将在第6章进一步讨论），以及积累多案例研究。

Riege（2003）探讨了在案例研究的各个阶段哪种效度和信度的测验最适合，他认为：

> 案例研究的信度和效度是一个关键问题……高信度和高效度不仅增强了人们对收集数据的信心，最重要的是增强了人们对成功应用和使用结果的信任度……四种设计测验——构念效度、内部效度、外部效度和信度，通常会应用到实证主义的理论范式中。类似地，它们也可以用于现实主义范式，包括案例研究……除了四种“传统”的设计测验，我还推荐使用四种“对应”的设计测验来提高效度和信度，即可信性、值得信任性、可证实性和可靠性。（p. 84）

Riege在这里引入了范式的概念，能够更简单地表达我们对世界的思考方式，并将实证主义范式（即传统科学的基础，认为我们可以测量和理解真实世界）与他所称的现实主义（其他人称之为后实证主义，认为存在一个现实世界，我们可以努力理解它，也接受不能完全理解它）进行对比。然而，先前在定性和定量研究背景下对案例研究的讨论表明，案例研究可以通过应用实证和现实主义范式来开展。实际上，使用其他范式也可以进行（第9章关于替代研究方法的部分将会进一步讨论替代范式，尤其是实证主义和解释主义）。

Riege还引入了效度的不同形式或测量方法，并确定了三种类型（其他研究者提出了更多或不同的类型效度，并给出了不同的名称）：

- 构念效度（这个构念是否适用于测量人们感兴趣的概念）；
- 内部效度（对考察现象进行解释的质量）；
- 外部效度（研究结果是否可以外推，相当于概化）。

最有趣的是他介绍了判断案例研究质量的四种替代方法——可信性、值得信任性（可转移性）、可证实性和可靠性（Lee，Mishna and Brennenstuhl，2010），这些方法也可以用更通俗的语言表达。

定性研究者已经广泛采用这些判断研究质量或价值的替代标准。专栏 3-3 列出了四种不同的表述，以及可用于实证主义/后实证主义、解释主义/建构主义或者定量和定性研究的术语。很显然，这些表述有许多重叠之处。

专栏 3-3

判断研究质量的替代标准

Denzin 和 Lincoln（2005b，p. 24）

- 实证主义/后实证主义范式——内部和外部效度
- 建构主义范式——值得信任性、可信性、可转移性、可证实性

Guba 和 Lincoln（2005，p. 196）

- 实证主义/后实证主义——“严格”的传统基准：内部和外部效度、信度和客观性
- 建构主义——值得信任性和真实性，包括行动催化剂

Farquhar（2012，pp. 100-110）

- 经典方法——构念效度、内部效度、信度、概化能力
- 解释主义视角——可信性、可转移性、可靠性、可证实性
- 民族志视角——真实性、合理性、关键性

Denscombe（2014，pp. 297-300）

- 定量研究——效度、信度、概化能力、客观性
- 定性研究——可信性、可靠性、可转移性、可证实性

以 Denscombe 的表述为例，他将可信性解释为“定性研究者表明他们的数据在多大程度上精确并恰当”（p. 297），这或许可通过回应者验证（要求回应者评价和确认你的研究发现）、扎根数据（通过广泛的实地调查）和三角测量实现。可靠性包含了研究者关于“他们的研究反映了其他研究者‘观察到’和评价的程序和决策在多大程度上构成了声誉良好的程序和合理的决策”的论证（p. 298）。

可转移性与研究者提供的信息有关，“使其他人能够推断研究结果的相关性和适用性（将其用于其他人、环境、案例研究和组织等）”（p. 299）。可证实性包括承认自我在定性研究中扮演的角色，并持有开放的态度，例如，不忽略不符合偏好分析的数据，并检查对立的解释。

有趣的是，Farquhar 还从 Golden-Biddle 和 Locke（1993）那里引入了民

族志视角。他们关注的是民族志著作如何令人信服（或不令人信服），并确定了令人信服的三个要素：真实性、合理性和关键性。当然，这些要素被认为与可信性、可靠性和可转移性类似。

此外，还有一些语言可供案例研究者使用，尤其是那些用以评价和判断从定性视角开展的案例研究及其结果质量的语言。而且，大多数研究者在评估案例研究和其他形式的研究结果时，都试图保持更传统的旧观点，从定量/实证研究的效度和信度来判断。

因此，Gibbert，Ruigrok 和 Wicki（2008）基于 1995—2000 年在 10 种管理期刊上发表的 159 篇案例研究文章进行了元分析，重点研究了其方法的复杂性。他们的结论是，研究者过于强调外部效度，并且需要更多关注内部效度和构念效度。

Diefenbach（2009）在一篇题为《案例研究不只是复杂的故事叙述?》(Are Case Studies More Than Sophisticated Storytelling?）的文章中提出了有关案例研究的 16 条批评，尤其是基于访谈的研究。这些批评涉及研究设计、数据收集和分析的各个方面，尤其关注效度和信度问题。他得出结论，“许多定性案例研究要么仅仅局限于对特定方面的描述，要么在不那么完美的方法基础上进行概化”(p. 892)。

当前，最为推崇案例研究学者之一 Yin（2013）的工作让人们看到了希望。他讨论了案例研究评估中可以解决效度和概化能力问题的一系列方式，包括替代性解释、三角测量、效度的逻辑模型（这代表“干预中以及干预与结果之间的关键步骤或事件”，p. 324），以及分析概化能力和理论。在案例研究评估的特定背景下，他建议更多地关注案例研究引出的问题，更清楚地说明是什么使案例研究变得复杂，并密切关注使用的方法。

因此，与概化能力一样，案例研究者需要意识到并解决研究效度和信度问题。你可以选择传统实证主义/后实证主义范式，并使用构念效度、外部效度、内部效度和信度术语；你可以选择建构主义/解释主义范式来定位你的案例研究，并使用值得信任性、可信性、可转移性和可证实性等术语；或者你可以采用其他案例研究者（如 Yin）建议的程序。

3.7.3 其他问题

其他作者针对案例研究的弱点提出了一些不同的问题，尽管它们可被认为是以不同方式处理的相同问题，或者是特殊形式的案例研究面临的问题。

Mahoney（2000）是一位政治学家，关注因果推理问题，如推断是什么引起某事发生。他在所谓的小 n 分析（即对少数案例的研究）中讨论了三种因果推理策略：

- 跨案例分析中的名义比较（该策略“能够使用相互排斥和整体上详尽的类别”，p. 390）。

● 跨案例分析的顺序比较（该策略“根据给定现象出现的程度，按等级将案例划分为三个或更多的类别”，p. 399）。

● 案例内分析。

以上策略中的第三种策略与前两种不同，可应用于单案例研究，可再分为三个子策略：

> 案例内分析中最普遍的类型是模式匹配，在这个过程中，分析人员根据多重案例内假设来评估跨案例的联系。过程追踪是这个过程的一个重要子类型，在这种技术中，分析人员试图找出假设的解释变量与结果相联系的因果机制。第三种技术——因果叙述，根据过程的分解顺序和事件导致的结果通过比较案例将跨案例分析和案例内分析结合起来。(p. 409)

注意到这些策略的应用会导致不同的结论，他主张在选择和应用时要更谨慎。

在政策制定的背景下，Elliott 和 Lukes（2008）考虑使用民族志案例研究（案例研究与民族志结合的研究设计将在第 6 章进一步讨论）。他们强调这一背景的重要性，主张“关于信任或合理水平的问题可置于不同的研究证据和研究结果中，但若不考虑影响政策决策合适性的政策文化，这个问题就没有答案”(p. 87)。换句话说，根据他们在使用研究结果时的理念和计划，不同的研究方需要在研究设计方面达成一致意见。

正如这些作者所指出的，在特定学科、子学科或某些项目中，使用案例研究设计可能会带来特定的问题。与概化能力、效度和信度一样，案例研究者需要意识到并回应这些问题。

3.8 每个事物都是一个案例吗？

最后，让我们回到这个问题：案例研究是否如此普遍和不明确，以至于每一项研究都可以视为一个案例研究，或者至少是一个多案例研究？本章的靠前部分引用了 Punch（2005，p. 144）的表述：“几乎任何事物都可以作为一个案例”，他并不是唯一表达这种观点的人。Stake 作为当代案例研究的主要支持者之一，指出“惯例是并非所有事情都是一个案例”（1995，p. 2；2005，p. 444），而且认识到“研究者会把任何他们喜欢的事物称为案例研究”（2005，p. 445）。

如果你花些时间在高校图书馆目录或书目数据库中搜索，你很快就会发现“案例研究”在学术文章、专著、报告和学位论文的标题中广泛使用。该词特别频繁地出现在副标题中，表明了研究的重点，并被描述为某一事物或其他事物的“案例研究”（这个问题将在第 7 章关于案例研究的写作部分进一步讨论）。

这种相当不精确的用法表明两点：第一，Punch 和 Stake 的观点是“每个事物都可以看作一个案例”；第二，当研究者想不出更清楚或更强有力的描述方式时，通常会采用案例研究或将之确定为研究设计。将一项研究称为案例研究，并在案例研究著作中添加一份简要的参考文献，似乎可以增加可信性。

因此，我们在使用“案例研究”这个标签时要小心谨慎，这一点至关重要，但过度使用也会导致漠视。我们需要限制在明确使用案例研究设计的研究中使用这个术语，并批评那些不严谨的做法。然而，在某种意义上，每个事物都是一个案例（如所有独立事物都可被认为值得分析），但并不是所有研究都是案例研究。

3.9 小　结

在本章中，我们：

● 考虑了案例研究的替代性视角，认为最好将其看作一种研究设计。

● 考察了案例研究与其他被认可的研究设计之间的关系。

● 探讨了案例研究与定性研究和定量研究的关系，认为可以单独使用或两者兼用。

● 回顾了案例研究的优缺点，讨论了这些优缺点如何影响选择（或不选择）将案例研究作为研究设计。

● 考虑了概化、信度和效度问题对案例研究的影响。

● 得出结论，认为虽然每个事物都可能是一个案例，但并非所有的研究都是案例研究。

3.10 重要文献

对于这里列出的 6 篇文献，我们在本章都参考并讨论过，这些文献为将案例研究作为一种研究设计这一结论提供了批判性或支持性观点。阅读其中一些文献能让你更全面地了解在当前的研究中人们是如何看待案例研究的。

Diefenbach, T (2009) Are Case Studies more than Sophisticated Storytelling? Methodological problems of qualitative empirical research mainly based on semi-structured interviews. *Quality and Quantity*, 43, pp. 875-894.

Flyvbjerg, B (2004) Five Misunderstandings about Case Study Research. pp. 390-404 in C Seale, G Gobo, J Gubrium, and D Silverman (eds) *Qualitative Research Practice*. London, Sage.

Gibbert, M, Ruigrok, W, and Wicki, B (2008) What Passes as a Rigorous Case Study? *Strategic Management Journal*, 29, 13, pp. 1465-1474.

Riege, A (2003) Validity and Reliability Tests in Case Study Research: A literature review with 'hands-on' applications for each research phase. *Qualitative Market Research*, 6, 2, pp. 75-86.

Verschuren, P (2003) Case Study as a Research Strategy: Some ambiguities and opportunities. *International Journal of Social Research Methodology*, 6, 2, pp. 121-139.

Yin, R (2013) Validity and Generalization in Future Case Study Evaluations. *Evaluation*, 19, 3, pp. 321-332.

UNDERSTANDING CASE STUDY RESEARCH

第Ⅱ篇

案例研究的应用

Using Case Study

第 4 章
案例研究的价值
The Value of Case Study

4.1 引 言

本章认为，用一种不同的方式思考案例研究很有帮助，因为小规模研究也是有意义的，这涉及两种观点的改变。

第一，我们需要接受案例研究，尤其是单案例研究，本质上说是小规模研究。我们接受这一点时，不仅要认识到小规模研究的局限性，还要认识到小规模研究的潜在优势。

第二，我们需要更加强调开展案例研究的意义。换句话说，我们不是因为它的研究规模小而进行案例研究（尽管这可能是一个实际因素），而是因为它潜在的利益或有用性。小规模研究可以帮助解决非常复杂的问题，并具有很大的影响力。

本章主要分为三个部分：

- 什么使得案例研究有意义；
- 一些有意义的案例研究实例；
- 小规模研究的意义。

4.2 什么使得案例研究有意义

如果我们将案例研究重新概念化为具有意义的小规模研究，我们自然需要识别出什么使得案例研究（或者更广泛地说是一项小规模研究）有意义。毫无疑问的是，在案例研究文献中有一些关于这方面的指导（参见第 9 章关于评估你的工作的讨论）。

Yin (2009, pp. 185 - 190) 确定了典型案例研究的五个一般特征：

- 案例研究必须是显著的。
- 案例研究必须是“完整的”。
- 案例研究必须考虑替代性观点。
- 案例研究必须有充分的证据。
- 案例研究必须以引人入胜的方式展开。

当然，所有这些特征都是以相当主观的语言表达出来的，例如，什么是显著的、完整的、充分的或引人入胜的？谁进行最终判定？但它们确实提供了一些有用的指导。然而，即使一个案例研究被认为不满足多个特征，它仍然可能被认为是“有用的”，也可能不是“范例性的”。对于大多数案例研究者来说，尽管“范例性”可能是一个过高的目标，但仍会朝这个目标努力。

这些特征本质上是通用的，可以适用于任何一项研究，当然也适用于案例研究（尽管在定量研究情况下“显著的”术语具有特定的统计意义且可测量)。例如，所有研究都应该以“以引人入胜的方式展开”为目标，并且“考虑替代性观点”，即使它没有应该具备的要素。

Thomas（2011a，pp. 67－68）提供了另一份列表，他强调更宽泛的质量概念，他建议通过三个问题来评估：

1. 选择的案例如何？
2. 背景对研究的解释和判定如何？
3. 提出的论点如何？对相同观测结果有不同的解释吗？

Thomas 的前两点包含了 Yin 提出的五个一般特征中的大部分内容，他的第三点重述了 Yin 的第三个一般特征。和 Yin 一样，他的列表也是主观的（我们如何判断有多好?）和通用的。

当然，这两份列表都是回溯性的，案例研究是在完成和呈现之后进行评定的，也许还会在关于它的其他研究难以开展时进行评定。Yin 和 Thomas 提出的第一点都说明了这一点：个体确实只能在事后判断一个案例研究是“显著的”还是事后“精心选择的”。研究者可能会尽力确保他们的案例研究在开始之前具备这些特征，但正如他们所说，这个验证是“未知的”，只能在完成和应用中得到证实。

有可能做得更好吗？提供一套更加详细的标准是一种方法。Kim，Price 和 Lau（2014）在医疗保健信息学方面的研究就是一个例子。他们确定了已发表案例研究的 25 个判定标准，并在规划和目标、研究设计、数据收集、分析和质量标题下进行了细分。这可能有点过头，对于一般建议，保持简单可能会更好。

专栏 4－1 显示了四个以问题形式考虑的替代性标准。当然，我不能说这些标准的主观性比 Thomas 和 Yin 的更少或更具有普遍性，也不能认为它们是完全原创的，因为它们不可避免地与前述的两个列表有重叠。但是，我希望这些标准可以用通俗易懂的语言表达出来，并给 Thomas 和 Yin 提供的那些标准增加更多的内容。

专栏 4－1

什么使得一个案例研究有意义?

- 你能理解研究者做了什么以及为什么做吗?
- 研究者对研究发现的解释看起来合理可靠吗?
- 你能把这个案例研究与其他有关这个主题的研究联系起来吗?
- 这项研究提供了合理的改变行为或未来研究方向吗?

现在，我们将更具体地考虑这些标准。

4.2.1　你能理解研究者做了什么以及为什么做吗?

这个标准与案例研究是否以可理解和易理解的方式撰写以及它是否对研究者所采取的方法和其他选择具有充分和令人信服的解释有关。它与 Yin 的第五个特征有一些重叠——“案例研究必须以引人入胜的方式展开”，但又进一步说明了这一点。

已发表研究（尤其是那些第一次发表的研究）遭到的最常见批评之一是说研究成果经常故意使用拗口的风格撰写，并使用冗长的句子和大量的专业术语(或称“行话”，其带有贬义)。有时，糟糕的语法和标点（有些研究不以母语而以第二或第三语言撰写）以及过度使用缩写词或首字母缩略词，会使情况变得更糟。作者看起来似乎不希望任何人阅读和理解他们的文章，或者认为没有人能够这样做，除了他们自己和一些关系亲密的同事或助手。

以一种平易近人和吸引人的风格撰写研究成果是很重要的，尽管这无疑需花费时间和练习（例如 Sword，2012)。在这种情况下，阅读一篇学术文章、一份报告或一本专著会变得更容易、更有乐趣，而且读者也可能更理解作者想要表达的内容。

正如标准所指出的，理解与推理有直接关系。如果写作清晰明了，那内容就很容易理解，还可以判断研究者是否以合适的方式开展研究。这并不是说你要选择同样的方法（这是不可能的，也不能作为批评的借口)，而是说你做出的选择得是合理的。

这里还有一个问题，这个问题对于学术研究来说很常见，尤其是当学术研究的成果以文章的形式发表的时候，即研究文章通常有字数限制，而且有格式要求。这一问题因作者需要尽可能多地发表文章的压力而更加严重，通常会导致一个研究项目的成果被分割为尽可能多的文章，即“意大利腊肠式”文章。

因此，很难从一篇文章中收集到足够的信息用以对研究项目进行合理判定，无论是案例研究还是其他设计。因此，可能有必要看一下源于同一项目的多篇文章，以做出整体的判断，或者追溯到最初的研究报告（这可能意味着要直接联系研究者，不过这些报告在学术网站上越来越容易获得)。

4.2.2　研究者对研究发现的解释看起来合理可靠吗?

这一标准与研究者写作的充分性和说服力有关，与 Thomas 的第三个问题中的“提出的论点如何”类似。这一标准涉及两个主要因素。

第一，研究者的论据的所有阶段都是可证的吗？它们是否可以清晰地从一个推导到另一个？从他们收集或使用数据开始，你能看到这些数据是如何被编码、选择、分析、整理和提交的，以支持对证据的特定解释吗？或者哪些方面似乎缺失或被忽略，哪些方面没有得到充分的解释？

第二，即使你不同意，你认为研究者的论据有多少说服力？他们是否至少在两种意义上使用了这个术语？你还能想到或意识到（几乎一直都有）对数据的其他可能解释吗？这些因素都被考虑到了吗？如果是这样的话，研究者用以支持他们偏爱解释的反驳是令人信服的吗？他们是如何为自己的立场辩护的？

一个真实的例子（显而易见，没有归因的例子）在这里可能会有用。我还记得读过一篇博士学位论文，它论述员工对英国高等教育质量保证制度发展的体会。作者采访了一些学术和行政人员，以了解他们的体会和观点。他们认为，质量保证的开发活动必不可少，但学术人员常常因为阻碍或忽视这些开发活动或者尽可能少地参与而感到内疚。我读论文表明我忠于学术而不是行政角色，我想知道对于使用作者收集到的数据，我是否可以形成相反的观点，即学术人员大胆抵抗不想要或不必要的强加于他们工作的质量保证制度。这个解释一点儿也没有被考虑，作者的这一做法让我对他们的整体论证的合理性持保留意见。

在人类和社会世界中，事物总是多方面的。总有其他解释、相反论点、故事的其他方面，甚至是其他（但相关的）故事。作为研究者，我们即使接受它们，也需要认识和尊重。因此，当评估一个案例研究或其他研究时，重要的不是你是否同意研究者的观点，而是你认为他们做出的论证有多好。

4.2.3 你能把这个案例研究与其他有关这个主题的研究联系起来吗？

俗话说，世界上真的没有什么新事物，研究与其他事情均是如此。虽然研究者可能喜欢（事实上，为了发表和阅读，他们不得不）声称他们的研究是原创的、令人吃惊的和新颖的，但他们的研究总是以他人已开展的研究为基础。这些研究对人类总体知识的真实贡献可能非常有限，也许是将一种已被证明的技术应用到另一个例子中，也许是验证或者在新环境中稍微拓展了已有理论。

如果你作为读者涉猎一个具备有限知识的话题，研究者将他们的研究放在已有研究和结果的背景下是非常重要的。换句话说，研究报告应该包含文献综述（例如，参见 Hart，1998）。很明显，研究报告格式会对这一点有所限制，尤其是在一篇期刊文章中，它也许不会明确列出“文献综述”章节部分，或者文献可能散布在整个报告中，但在报告中真实存在。

文献综述应该在可用的空间中发挥一些作用：

- 它们应该包含一些有关主题的经典研究成果，这些研究有时称为“创始之父”(因为作者通常是男性)。
- 它们应该总结当前的研究现状，并涉及一些最近的研究。
- 它们应该表明有关研究主题的不同观点，以及这些观点为什么存在。
- 它们还应该表明当前研究者对已有研究的看法。
- 它们应该清楚当前研究如何建立在现有研究基础之上，以及对我们如何更好地理解这个主题的贡献。

所有这些事情都是将研究报告放在更广泛的背景中，使读者能够更好地判断研究的适用场合和形式。

除了考察正在研究主题的文献之外，人们还期望看到关于正在应用的方法论和方法的一些文献讨论（尽管可能比较简短），尤其是在该研究试图以某种方式推动研究进展的情况下。

除了对文献综述具有空间限制外，还有其他一些因素可能限制其范围和有用性。其中最主要的因素是，许多研究者通常是在一个狭窄的专业领域内从事研究（有时称为“筒仓”），而与在此领域之外工作的人几乎没有关系，包括那些处于同一研究领域内但采用不同视角的人。换句话说，他们可能没有看到或意识到（甚至关心）更广阔的图景。在评估案例研究报告时，要记住这一点。你能意识到相关研究很好，但作者似乎并不知道。当然，在做自己的案例研究时，也要记住这一点。

4.2.4　这项研究提供了合理的改变行为或未来研究方向的建议吗?

想要产生影响的研究者的一个特征，尤其是那些从事小规模研究的人的一个特征是，他们可能想要被注意、阅读、欣赏和引用；他们可能想要改变做事的方式，在社会或经济方面有更广泛的影响。虽然想要“改变世界”几乎是不切实际的，但一些人（通常是较年轻、经验不足或较天真的人）可能还会这样做，而且有些人做到了这一点。

但是，对于那些从事案例研究的人来说，目标和结果可能会更加适度。研究结果尽管对实践或研究的影响有限，在这一点上没有什么让人感到羞愧的，但仍可能有所作为。这是案例研究报告应该解决的问题，即使它会经常发生，目标也不能总是完全实现。

案例研究通常在作者/研究者工作的组织或组织部门中开展（如果是这样，他们通常称为“内部研究人员”），或者他们受邀进行研究。在这种情况下，他们可能专注于评估某一特定的实践或过程，然后寻求改进，做“专业”博士的学生经常会做这种研究。

这些案例研究与行动研究密切相关（案例研究与行动研究的结合将在第 6 章讨论）。如果它们是真正的行动研究，那么它们通常会涉及并报告一系列连续的研究，并在适当的改进实践或过程实现时才完成实施和评估。另外，这种案例研究可能称为小规模评估案例研究（案例研究和评估设计之间的联系也会在第 6 章中进一步讨论），这是一种在许多职业化学科受欢迎的形式。

这种案例研究在总结研究发现后，通常会提出一系列建议，如果建议能够实施，应该会改进实践。另一种策略可能会采取替代做法或与建议相结合的方法，总结目前研究者或其他人可开展的未来研究建议，这是更学术化的做法。它认识到，对于任何给定的研究，尤其是小规模研究，不能期望它们一定为正在研究的课题提供明确的最终答案。

因此，学术研究报告的一部分可作为其他有兴趣研究者的指引，另一部分可作为备忘录，它通常以未来可能的研究做结尾。这也是读者要寻找的，否则如果不能指引其他事物，做研究的目的是什么？这也可能为研究者指引实践或研究的方向。

这四个旨在概述什么使得案例研究有意义的评估性问题（你能理解研究者做了什么以及为什么做吗？研究者对研究发现的解释看起来合理可靠吗？你能把这个案例研究与其他有关这个主题的研究联系起来吗？这项研究提供了合理的改变行为或未来研究方向的建议吗？）的使用和表述将在 4.4 节阐明，下一部分将详细讨论一些已发表案例研究的例子。

4.3 一些有意义的案例研究实例

本部分的目的是根据上一节描述的四个问题来确定、描述和评估一些案例研究的实例，这些研究可能被认为是有意义的。这对你在实践中如何阅读、质疑、总结、评价和批评已发表的研究，以及寻求从中获得“最佳运用”是有用的。

事先声明，在选择本部分讨论的案例研究时，我绝对不是在陈述或暗指这些已完成和已发表的案例研究是最好的。我认为它们是好的、有用的和有意义的，这也说明了案例研究设计采用的形式和学科范围的多样性，但还存在很多其他可选的例子。

本部分回顾的五个案例研究中前四个具有一个共同特征，即在单案例/多案例研究中，只处理一个案例或很少数量的案例。因此，它们是如何计划、如何在小规模研究项目中完成案例研究的好例子。第五个案例研究比较复杂，它是作者在一段时间内进行的一系列研究。

这五个例子都有一个更深层次的特征，特别适合在本书中列出和讨论。这个特征就是，它们都对案例研究设计感兴趣，对案例研究的应用和进一步发展做出了贡献，还在研究中增加了关于特定主题的知识。实际上，在一些例子中，文章的重点更多的是案例研究设计，而不是案例研究结果。

第 7 章包括一个对已发表案例研究的简短讨论，其中有一些对我们所理解的案例研究构成挑战。

4.3.1 Bygstad 和 Munkvold (2011)

这是一项信息系统领域的研究，由两名来自挪威的研究者完成，他们重点探讨了信息提供者在纵向、解释性案例研究中的参与。案例研究是纵向的，因为它包含了长期的数据收集（总共 18 个月）。它采用解释性认识论，而不是实证主义观点（在第 9 章将进一步对这些术语的含义进行讨论），因为研究者认为知识和理解是通过对已收集数据的协同解释而发展出来的。两位作者指出：

通过关注研究者和参与者在整个案例研究过程中的密切互动，将案例成员看作建构案例叙事的积极参与者，可以将解释性案例研究与实证主义案例研究区分开来。虽然解释主义观点将一个积极的角色赋予案例研究的信息提供者，但在实践中，这种参与程度通常只限于数据收集过程和案例叙事早期版本的讨论。在少数情况下，信息提供者的参与将会继续影响案例研究数据抽象分析的最后阶段，其目的是发展整体模式和解释。在本文中，我们探讨了在解释性研究中，信息提供者如何参与案例叙事和理论建构的共同构建。(p. 32)

他们指出，这在信息系统研究中是一种不同寻常的方法，并且在时间和承诺方面也相当苛刻。他们考察的案例是一家开发电子商务解决方案的国际航空公司，通过两个研讨会收集数据，与核心利益相关者和信息系统开发人员进行了20次访谈，并收集了该组织的材料。研究者按照纵向过程研究的原则进行：

- 在研究期间多次进入研究地点，收集反映随时间变化的数据。
- 参与观察，了解行动者的语言和问题解决能力，并理解不同的情境。
- 系统收集不同类型的数据，以保证效度。(pp. 36 - 37)

反馈来自三个阶段的信息提供者：

首先，将来自研讨会的事件年表和社会技术网络发给参与者，请他们进行评论和更正。然后，在案例研究结束时，与技术和商业利益相关者进行长时间的讨论，形成最终的报告。最后，把已发表的研究论文发送给两名项目经理和两名直线经理征求意见。(p. 37)

研究者采用了一个名为“抽象分析等级”的过程来分析收集到的数据，该过程包括三个阶段：（1）总结访谈和技术性材料；（2）确定主题和趋势；(3) 识别模式和解释。虽然这个过程有一个特定的名称，但在本质上，它是一种非常流行的分析定性数据的方法，通常称为主题分析（例如，参见 Braun and Clarke, 2006)。

Bygstad 和 Munkvold 指出，他们的案例研究方法要想成功需具备四个条件：有一个纵向案例研究设计；一些信息提供者必须了解案例如何与其他体系连接；研究者和信息提供者应该分享一些基本的目标和术语；信息提供者需要参与“反思行动”(p. 42)。通过“反思行动”，你能够在行动中反思自己的行为。显然，这种研究方法不仅需要一群知情的、有意愿的参与者，还需要受过良好教育的专业人士。

Bygstad 和 Munkvold 还提出了在研究项目的不同阶段如何最好地利用信息提供者的反馈信息：

在数据收集阶段，信息提供者的反馈可以验证事实并提供新的数据，这可以提高案例文档的质量……在案例研究报告中，信息提供者的反馈可以丰富案例叙事并提高研究的内部效度……在宣传阶段，通过评估实践背

> 景中科学出版物的结论和影响，信息提供者的作用会更具说服力，这有助于提高研究结果的相关性和外部效度。(p.43)

他们的方法似乎特别适用于希望研究在组织中采用新的或修改的运营流程的人，无论其性质如何，如私人部门、营利性部门、公共部门和志愿部门以及有时间和承诺长期参与的人。这个项目规模比较适合博士研究者，它在研究领域和参与组织方面也会产生有用和有趣的结果。

但是，为了给学术研究和信用做好铺垫，研究者在开始时对所涉及的内容、相互的期望和责任、研究结果以及如何使用这些内容达成一致意见是非常重要的。我们知道，组织撤回使用权和合作会阻碍研究者将数据用于发表。

我们现在以评估案例研究是否有意义的四个问题为依据来考虑这个案例研究（本部分讨论的其他案例研究也将如此）：

1. 你能理解研究者做了什么以及为什么做吗？

Bygstad 和 Munkvold 清晰地概述了研究者开展纵向解释性案例研究的目的，并重点关注信息提供者的合作问题。在数据收集方面，他们描述了访谈、研讨会、文件和反馈的使用情况。

2. 研究者对研究发现的解释看起来合理可靠吗？

Bygstad 和 Munkvold 的发现与这种案例研究设计的实践有关，与在被调查研究机构发现的研究结果无关。他们提供了关于信息提供者合作研究的有用指南。

3. 你能把这个案例研究与其他有关这个主题的研究联系起来吗？

Bygstad 和 Munkvold 通过参考文献将他们的工作与其他的研究（包括他们自己的研究）联系起来，包括研究主题、电子商务解决方案和案例研究设计。

4. 这项研究提供了合理的改变行为或未来研究方向的建议吗？

Bygstad 和 Munkvold 认为需要在其他研究设计中进一步结合信息合作的使用，例如民族志研究、行动研究和批判性研究（如第 6 章所述，所有这些研究都可与案例研究的研究设计结合使用）。

总之，这显然是一个有意义的案例研究例子。它是可读的、有趣的，并为该研究领域和案例研究设计做出了有价值的贡献。

4.3.2 Watson (2009)

Watson 是英国一所商学院的学者，但他采用社会学方法，通过使用叙事（也是 Bygstad 和 Munkvold 使用的概念）、认同和现实社会建构概念来研究管理认同的概念。他所使用的数据的主要来源有点不同寻常——电信业务前任高级经理 Leonard Hilton 的两部个人自传。Watson 解释了他如何分析这个数据源：

> 首先，在两个月的时间里仔细阅读了这两部传记，并提炼了一个非常精简的版本。在这个过程中，编制了一个类别和主题列表，这些在理论上与研究者感兴趣的叙述和认同努力（没有使用“定性数据分析”的正式技术）相关。然后，在这些标题下重组材料，并反复阅读相关文献材料，以形成这里呈现的概念和分析……通过这种方式，理论和实证分析以相互支持的方式进行。（pp. 433 - 434）

然后，Watson对选择的这个特定案例进行分析：

> 选择Leonard Hilton作为案例研究，并不是说他是一个典型的经理人或者与其生活故事相关。他是认同努力的极端个案，他对叙事思维和高级叙事技巧有强烈的依附。这意味着，我们可以通过一个不同寻常的“强有力个案”来描述一个人在其认同努力中做出和使用叙事的过程，我们还可以考察通常情况下人们做出以叙事为基础的认同努力时的过程。（p. 434）

在一篇超过平均长度的文章（28页）的剩余部分，Watson继续这一考察，并广泛引用Hilton的自传。他在文章的结尾强调，“在这里，我们有一个案例，一个人把‘作为管理者’作为他自我认同的核心，当然，我们可以通过研究他在组织中的活动来了解这如何发生。但是，我们更多的是需要通过观察他的整体生活、生活历史以及自传来了解更多”（p. 450）。

这篇文章是表明单案例研究潜在价值和有用性的一个很好的例子，不管它们是否典型、不寻常或极端。获得大量未出版自传是罕有的，但也可利用许多其他方法收集这类研究的相关数据。这个例子也表明了对有数据（通常称为二手数据）的案例开展研究的潜在有用性，它不需要收集或创建数据，因为其他人已经做过。当时间和其他资源严重受限时，使用可获得的二手数据是一个非常明智的研究策略。就前述四个问题而言：

1. 你能理解研究者做了什么以及为什么做吗？

Watson明确提出他的研究是一个极端的案例研究，它分析了未发表自传，并使用了叙事、认同努力和现实社会建构概念。

2. 研究者对研究发现的解释看起来合理可靠吗？

Watson的基本观点是你可以观察个体的整个生活故事，而不只是对特定角色感兴趣，这一点已得到充分证明。

3. 你能把这个案例研究与其他有关这个主题的研究联系起来吗？

Watson的文章被广泛引用，包括他自己的出版物、管理实践以及自传和案例研究。

4. 这项研究提供了合理的改变行为或未来研究方向的建议吗？

Watson总结出需要关注更多的这种研究，并重点关注个体和他们的生活故事。

这个有意义的案例研究特别有用，因为它提出了从更传统的视角收集和分析数据的替代形式。有许多已出版和未出版的文献可供分析，它几乎可分析任何可能的研究主题。

4.3.3 Johnston（1985）

这个案例已存在了 30 多年。当然，在这一时期，关于 Johnston 撰写的这篇文章所关注主题的研究已有很多，但这并没有减少人们对这个特定案例研究的兴趣，它可以被视为同类研究的先驱。Johnston 是美国的教育心理学家。

Johnston 重点关注成年人的阅读障碍及其形成原因，他提出并分析了三名美国男性的案例。他以如下方式解释了案例研究设计的选择：

> 案例研究基于这样一种假设，即在体验和行为的重要维度（公开的和隐蔽的）中，可能存在大量个体差异，这与个体之间的共性同等重要。(p. 155)

数据是从八次个体指导会谈中收集的，每人每次持续 45 分钟到 2 小时。这些会谈“包括互动评估、自发的和引致的内省与反思，以及引发的大声思考报告和口头阅读表现”（p. 156）。分析是在概念问题、策略、焦虑、归因、目标和动机等确定的主题下进行组织。

Johnston 强烈主张“成人阅读失败是一个多方面的和整合性的问题”(p. 174)。他的结论是：

> 目前，对阅读困难的大部分解释都集中在操作水平、语境缺乏、目标、动机或历史等因素。虽然有些研究侧重于阅读失败的背景而不是心理方面，但几乎没有人尝试去整合这两个维度。由此，对阅读失败的解释是无效的，而且会导致或多或少的阅读失败的最终诊断。直到我们能够将人类感觉和思考的深度融入我们对阅读困难的理解中，我们才会对问题的解释和对解决方案的不当尝试有些微的理解。(p. 175)

这是一个相当传统的案例研究设计，涉及三个有意选择的个案，因为它们的性质不同。虽然研究只涉及三个人，但许多会谈尤其是耗时较长的会谈都需要大量的工作，尽管这项工作主要针对治疗而不是研究。就前述四个问题而言：

1. 你能理解研究者做了什么以及为什么做吗？

Johnston 清楚地阐明了其研究的基本原理，以及数据收集的结构化和多样化方式。

2. 研究者对研究发现的解释看起来合理可靠吗？

尽管研究背景和主题非常不同，但 Johnston 的观点与 Watson 的观点有些相似。Johnston 认为，如果要更好地理解阅读失败，就需要更广泛、更全面地理解涉及的个体，从而选择案例研究设计。

3. 你能把这个案例研究与其他有关这个主题的研究联系起来吗？

Johnston 提供了大量关于阅读障碍的研究书目。

4. 这项研究提供了合理的改变行为或未来研究方向的建议吗?

Johnston 的整合方法为研究这个主题提供了一种替代性方法。

显而易见，自 Johnston 的案例研究出版以来，它就是一个有意义的案例研究，这也可以从他人对 Johnston 著述的引用中清楚地看出来。

4.3.4　Kyburz-Graber (2004)

这个案例研究由瑞士学者 Kyburz-Graber 撰写，她关注中学和高等教育的可持续发展。她介绍了有关苏黎世一所高中的解释性因果关系案例研究，该研究涉及学生、教师和研究者，她认为:

> 案例研究是一种超越仅仅对某一情境进行描述的方法。如果某些质量标准符合客观性、信度和效度的一般标准，则完全可以将其视为一种科学方法:
>
> - 阐述了研究问题的理论基础。
> - 使用多种证据来源（数据收集和解释）以确保三角测量。
> - 一系列证据的设计具有可追溯的理由和论据。
> - 案例研究能够被充分证明。
> - 案例研究报告由反复检查和重写过程构成。(p. 58)

显然，Kyburz-Graber 倾向于实证主义/后实证主义的认识论范畴，并且非常强调以谨慎的、可辩护的和强有力的方式来开展她的案例研究。她用自己设定的标准来考察自己的案例研究，表明它经得起仔细推敲。

就可持续发展教育而言，Kyburz-Graber 总结道:

> 大多数教育机构在结构化和指导性教学和学习的传统方面非常有经验，但由于可持续发展的非结构化特征、复杂特点以及人们对合作解决问题的需求，教育机构对可持续发展教育问题束手无策。因此我们认为，很难期望教育机构在社会可持续发展进程中发挥重要作用，除非它们开始思考并大幅度改变其教学、学习文化以及学生在决策中的作用。(p. 63)

从可持续发展角度来看，虽然这一结论可能令人沮丧，但它也有可能激发人们做出重大变革。

就案例研究而言，Kyburz-Graber 根据所列标准提出了慎重、严谨和严格的方法。虽然有人可能会质疑使用“科学的方法”和“客观性”这样的术语，但这一论点很好地说明了如果要说服别人，就需要仔细计划和严格执行案例研究设计。

1. 你能理解研究者做了什么以及为什么做吗?

Kyburz-Graber 清楚地列出了案例研究的开展（专题分析的访谈）和严格性评估过程（根据她所确定的质量标准）。

2. 研究者对研究发现的解释看起来合理可靠吗？

Kyburz-Graber 提供了有关案例研究设计应用和特定案例研究结果的结论。

3. 你能把这个案例研究与其他有关这个主题的研究联系起来吗？

Kyburz-Graber 为讨论可持续发展的案例研究和教育提供了丰富的参考资料。

4. 这项研究提供了合理的改变行为或未来研究方向的建议吗？

Kyburz-Graber 主张对该主题进行进一步研究，并在案例研究设计中采用更严格的规则。

这是第四个有意义案例研究的例子，它有助于我们理解案例研究设计和正在研究的可持续发展教育主题。

4.3.5 Payne 等人（2007）

Payne 和她的四位合著者分别来自英国的四个不同机构。

> 他们于 2000—2005 年在英国六家社区医院、五家成人临终关怀丧葬服务机构和八家儿童丧葬服务机构开展的三项研究中，探索了案例研究设计、招募和数据收集方面的问题。通过访谈、焦点小组、观察、文献分析、标准措施和问卷来收集定量和定性数据。(p. 236)

这三项案例研究考察了社区医院在临终关怀方面的参与情况以及成人临终关怀和儿童丧葬服务。

不可否认，它超出了其直接的背景：

> 护理干预可能是复杂的护理和医疗路径的一部分，很难或不可能将其分解为组成部分。关于这种复杂性，英国的临终护理是一个很好的例子，其健康和社会服务可能由法定提供者、非法定提供者和商业提供者提供。(p. 237)

Payne 等人“选择案例研究方法作为考察英国社区医院、丧葬服务过程和结果问题的最合适研究设计”（p. 239），由于“缺乏先前的研究意味着我们无法构建适当的理论框架，所以假设驱动的演绎设计是不可能的”（p. 240）。在这种背景下，案例研究设计还具有其他优点：

> 许多护理研究的现实性特征意味着，拒绝病人获得现有服务是不可能或不道德的，因此，随机控制设计通常行不通。案例研究方法不受这些考虑的限制，并且具有在相应背景下理解复杂和多层面服务的优势。(p. 242)

Payne 等人还指出，案例研究设计可以很好地应用于合作研究，而且可以授权给参与者。但是，他们采取了一种务实的方法，认为研究设计的选择在很大程度上受研究背景中可行因素的驱动。

这三项案例研究都是通过向已知提供者（即社区医院、成人临终关怀丧葬服务机构、儿童丧葬服务机构）邮寄全国问卷调查开始的，也为选择案例研究提供了抽样框架，而且每项研究都关注了 5～8 个组织。案例研究本身包括不同利益相关方访谈和焦点小组以及文献分析的混合。Payne 等人总结道：

> 案例研究方法可能是对以实践为基础的护理研究有用的设计，对评估发展中的服务也是有价值的。护理干预通常与其他医护专业人员，尤其是与医生提供的护理相互依赖。在这种情况下，将护士工作从其他人的工作中分离出来往往是困难的，也可能不太恰当。因此，通过案例研究设计来了解整体服务是有好处的。对于研究临床实践情境，案例研究方法的敏感性和信度可能会吸引护士，因为它们对细微之处的理解反映了临床实践中高度情境化的环境。而且，案例研究方法可能使参与者更有能力，因为他们认为其经验有价值，并揭示了他们的工作如何有助于组织内的团队工作。因此，这些工作既值得肯定也会受到挑战，因为它们可能会暴露冲突和张力。(p. 244)

再转到前述四个问题：

1. 你能理解研究者做了什么以及为什么做吗?

Payne 等人总结了他们所进行的三个相关案例研究项目中采用的每一种方法，并为需要更多细节的读者提供了进一步的出版物参考资料。

2. 研究者对研究发现的解释看起来合理可靠吗?

Payne 等人在这篇文章中的重点是评估和论证案例研究设计在医疗情境中的有用性，而不是他们的研究结果。案例研究设计在这种情境中的有用性是很好的例证。

3. 你能把这个案例研究与其他有关这个主题的研究联系起来吗?

Payne 等人的这篇文章提供了广泛的参考文献，将该研究与其他研究联系起来，并将其用于临终关怀和案例研究设计的使用。

4. 这项研究提供了合理的改变行为或未来研究方向的建议吗?

Payne 等人的这篇文章认为，在研究复杂的卫生保健领域时，应更多使用案例研究设计。

这一部分考虑的五个例子中有四个规模相对较小。其中一个（Watson）涉及单一个体的研究，有两个专注于单一组织（Bygstad and Munkvold, Kyburz-Graber)，另外一个关注三个人（Johnston)。它们虽然在性质上是小规模的，但收集分析了大量数据。第五个例子更有雄心，Payne 等人在三个相关的研究项目中反映了案例研究设计的使用，且每个研究项目都关注了 5～8 个案例。

这五个例子都显示了研究者对将案例研究作为一种研究设计的兴趣，以及正在考虑的主题（主题多种多样，包括电子商务解决方案、临终关怀、管理身份、阅读障碍和可持续发展教育）。虽然这五个例子本质上都是定性的，但其中两个（Johnston，Payne 等人）涉及了大量的定量分析。

4.4 小规模研究的意义

从本章开始，我主张通过寻找四个问题的答案来评估案例研究的有用性和意义：

- 你能理解研究者做了什么以及为什么做吗？
- 研究者对研究发现的解释看起来合理可靠吗？
- 你能把这个案例研究与其他有关这个主题的研究联系起来吗？
- 这项研究提供了合理的改变行为或未来研究方向的建议吗？

这些问题被用于评估五个已发表的案例研究。之所以选择这些案例研究，是因为它们被判定是有用的或有意义的。

当然，这些问题也可以用来评估其他例子（而不仅仅是案例研究）和你自己的研究。

如果案例研究是恰当严谨地完成的，那它就是有意义的小规模研究。

研究的水平或规模在本质上没有正误之分，通常只涉及时间和其他可用资源。大规模研究似乎具有很大的优势，尤其是在代表性和概化方面，但它也需要恰当严谨地开展。小规模研究也可以用同样的标准来评判，并且具有更可行和更容易获得的优势。随着时间的推移，它也可以通过重复和扩展来扩大规模。

因此，研究的关键因素不在它的规模，而在如何精心和仔细地进行研究和报告。因为它通常被大规模的定量研究者所重视，它适用于所有的研究，而不仅是案例研究，但可能对案例研究（以及其他小规模研究）尤其重要。这既适用于你自己开展的案例研究，也适用于你所阅读的已发表案例研究。

案例研究应该以一种易于理解和获得的方式呈现。作为一名研究者，你需要尽可能清楚地说明你做的事情，展示已经完成的各个研究阶段，并解释你为什么要采取这些步骤。这有助于澄清你为什么选择案例研究设计以及它是什么类型的案例研究设计。

案例研究的发现和结论也需要清楚地阐明，并与研究者的推理相结合。如果你在阅读他人的论文，你不必同意他们的观点，或许你的读者在阅读你的报告时也不同意你的观点，但无论如何，推理必须清晰以证明合理可靠的论点。这些结果可能与前一部分所考虑的例子一样，表明案例研究设计如何有用以及未来应如何修改案例研究。

案例研究应该被恰当引用，以便读者能够评估已有的相关研究，以及研究项目如何通过引用达到匹配。这些内容应该包括案例研究设计的参考文献，以及正在研究的特定主题。

如果案例研究具有一定的影响，并且被认为具有这种影响，那么它需要说明实际或预期的影响具体是什么，这超出了研究自身的结论。从学术角度而言，这可能与建议跟进和扩展其研究结果的未来研究方向有关，或者从更实际的角度来说，与研究结论建议改变或改进与研究主题相关的实践有关。

不管怎样，研究需要有意义：让你的案例研究有意义。

4.5 小　结

在本章中，我们：

- 确定了一系列问题用以评估案例研究的意义。
- 用这些问题讨论五个被认为有意义的已发表案例研究。
- 主张案例研究应该被重新定义为是有意义的小规模研究。

4.6 重要文献

以下两本专著都包含了几十篇有关案例研究的已发表文章，它们表明在案例研究中存在巨大的学科和研究设计差异。

David, M (ed.) (2006) *Case Study Research* (4 volumes). London, Sage.

Tight, M (ed.) (2015) *Case Studies* (4 volumes). London, Sage.

第 5 章
案例研究在不同学科中的使用
The Use of Case Study in Different Disciplines

5.1 引　言

正如第 2 章介绍的，出于研究（本书的重点）和教学的目的，案例研究广泛运用于各种各样的学科（如社会科学）和领域。在回顾了案例研究所涉及的学科之后，本章主要讲述不同学科中的案例研究。这一考察揭示了案例研究作为一种研究设计的宽度与灵活性及其在不同学科中的运用方式。

这个分析会使对一个或更多学科领域感兴趣的读者关注案例研究在不同学科中的使用。案例研究怎样用于这些学科？在进行新的案例研究时，什么样的研究、文献和方法能被采用？

此外，本章也给那些把其他学科的实践运用到自己学科中的开明读者提供了一些建议。在案例研究及其他情况下，跨学科的借鉴具有很长的历史并可能促进一些有用的创新和发展。跨越学科的边界可以学到更多的东西，采用不同的视角进行研究是更有趣和更富有挑战性的。

5.2 哪些学科使用案例研究

正如第 2 章所介绍的，Swanborn（2010，p. 11）认为，在案例研究的发展过程中以下几个学科或领域很重要，包括：健康科学、临床心理治疗和法学；文化人类学；社会学；政治学；心理学和精神分析学；社会工作和青年支持等政策领域。除此之外，案例研究在社会科学领域也很重要。因此，在大量职业化学科和部分科学学科中，案例研究是一种已经得到认可的研究设计。

Scholz 和 Tietje（2002，p. 4）识别了一个类似的关于案例研究的宽泛使用范围：

> 在以下领域，案例研究的使用正成为一种逐渐受到重视的研究策略：
> - 政策和公共管理研究；
> - 社区社会学；
> - 管理研究；
> - 心理学和医学的分支，尤其是神经心理学；
> - 教育科学；
> - 规划科学；
> - 土木工程；

● 环境科学。

大多数情况下，案例研究方法只在某些研究领域使用，这些研究领域考虑了真实社会或自然系统的传记性的、真实的和历史的动态与观点。

因此，Scholz 和 Tietje 非常赞同 Swanborn 关于案例研究广泛应用的观点，并在其列表上补充了一些其他学科，包括重要的教育和管理领域。

为写作本书开展阅读和研究时，我发现了一些把案例研究运用到会计、人类学、银行、计算机科学、咨询、犯罪学、发展学、经济、教育、环境研究、地理、健康、人力资源开发与管理、信息系统、国际商业、法学、图书馆和信息研究、市场营销、医学、护理、运营管理、制药、哲学、规划、政治、精神分析学、心理学、公共管理、采购、第二语言学习、小型企业、社会工作、社会学、统计和城市研究等主学科、子学科或领域的例子。

当然，我可能遗漏了其他学科或领域，毕竟持续追踪所有主学科、子学科和领域的发展是很困难的，尤其是当它们本身还受到变革和发展的影响时。然而，在这些学科或领域中，有一些很少使用案例研究，而在另一些学科或领域中，案例研究是一种受欢迎的并已正式建立的研究设计。事实上，案例研究没有被广泛应用的唯一学科（至少不是被明显地应用）是自然科学。当然，即使是在这种学科中，对特殊例子（如天文学中的行星、生物科学中的物种、化学中的元素、物理学中的力）的研究也很常见，但人们通常不会称之为案例研究或参考案例研究的相关文献。

为了合理规划本章的剩余部分，我将经常使用案例研究作为一种研究设计的学科和领域划分为五个主要的类别：

● 商业和管理；
● 教育；
● 健康；
● 其他专业化学科；
● 其他学科。

这反映了案例研究设计在商业和管理学科、教育和健康学科、其他专业化或应用性学科中的普遍性及其在纯学科中的谨慎使用。当然，这些类别之间、类别内部的主学科和子学科之间有许多重叠。

本章的结尾部分将介绍一些跨学科的一般结论。

5.3 商业和管理

在现代高等教育中，商业和管理是一个逐渐成长起来的广泛领域。事实上，它是最大的领域之一，因为大学中的院系在这一领域招收了最大数量的本科生和研究生、本国学生和留学生、全职学生和在职学生。

因此，已出版的与案例研究相关的文章和图书绝大部分来自这个领域，尤其是在最近几十年，这不足为奇。这种集中度通过案例研究在商业和管理中作为一种研究设计（参见 Farquhar，2012）和教学工具（例如，参见 Contardo and Wensley，2004；Forman，2006；Garvin，2003；Romm and Mahler，1991；Zhao，1996）被广泛使用而得到了加强。

在这一部分，我们将讨论一些商业和管理领域主学科或子学科中的案例研究，如会计、国际商业、市场营销、运营管理、公共管理、采购与物流以及微型企业。案例研究也用于很多子领域，比如人力资源管理（Haunschild and Eikhof，2009）和供应链管理（Seuring，2008）。我们将从商业和管理案例研究中的通用性研究开始介绍，这些例子并不属于特定的主学科或子学科。

5.3.1 通用性研究

Lee（1989a）调查了将组织的案例研究作为一种减少感知的客观主义学派和主观主义学派之间分歧的手段（参见第 3 章中关于定性/定量辩论的讨论和第 9 章中关于实证主义和解释性策略的讨论）。然后，他指出了"组织研究领域目前再现的主观主义方法"（p. 118）和客观主义者针对组织案例研究提出的四个方法论要点：实施控制观察的困难、复制研究的困难、概化和许多研究非定量的本质（第 3 章讨论了这些要点在各个学科中普遍存在的问题）。

Lee 甚至认为主要的定性案例研究可能遵循客观主义研究的三个关键理念："研究所涉及的理论命题的管理……利用假设-演绎的逻辑去证明理论命题的谬误，以及……这个理论命题被恰当地管理时，能否满足四个方法论的要求(如已识别的方法理念)"（pp. 127 - 128）。

为了直接解释四个方法论的要点，Lee 进一步提出在一个自然实验(p. 132）的案例研究中实施控制观察是可能的（p. 132，案例研究与实验设计的结合将在第 6 章进一步讨论）。虽然这样的案例研究也许不能完全复制，但可以通过比较相关实验/研究的结果去解决可复制性问题。概化问题的解决要求进行至少一个案例研究。关于第四个要点，即非定量性，他认为研究所呈现的逻辑本质才是关键，而不是定量（尽管定量将是一种可替代的回应）。

十年后，Meyer（2001）对案例研究设计在商业和管理中的应用进行了概述和批判，并以她自己的研究为例说明了这一点。她跟 Lee 立场相同，认为应该更多地关注案例研究的实施：

> 相对于其他定性或定量研究策略，如扎根理论或问卷调查，实际上并没有任何指导案例研究的具体要求……这既是优势又是劣势。优势在于它允许就研究问题制定相应设计和数据收集的过程。另外，它会产生许多不佳的案例研究，因而经常受到批评，尤其是来自定量研究领域的质疑……案例研究是一种相当松散的研究设计，这意味着需要用一种原则性方法对许多决策加以解释。（pp. 329 - 330）

她总结道，“在案例研究中需要特别明确自己所做的方法论决策”(p. 349)。

在 Meyer 的同一时间，Weerd-Nederhof (2001) 以她的博士研究为例提供了类似的概述，但她重点关注研究的定性形式。她借鉴了其他作者的经验，提供了一个有关设计和实践循序渐进的指南，并总结道，“实施定性的案例研究……首要任务是在做中学（当考虑一个人所能得到的全部有用的建议时）。接下来最有用的事是学习其他人的实践经验（避免犯大错）”(p. 535)。她的文章对于那些为博士学位规划或开展案例研究的学者来说（尤其是在商业和管理类学科），应该是一个令人欣慰的指南。

5.3.2　会计

案例研究作为一种研究设计广泛运用于会计学科。在早期研究中，Hagg (1979) 讨论了案例研究设计的优势和劣势，然后提出了改进实践的几点建议。他总结道：

> 案例研究在会计研究中扮演了很重要的角色。在一个缺乏理论、确定背景困难、存在历史发展模式的公认重要性以及存在对该学科规范性或描述性基础的持续质疑的领域，需要更明确地考虑使用案例方法给其研究和调查带来的优势。

Scapens (1990) 考虑了案例研究在管理会计实践中的角色。他认为：

> 案例研究为我们提供了在实践中理解管理会计性质的可能性，无论是在使用的技术、程序、系统等方面，还是在使用方式方面。在进行案例研究时，我们要注意区分高级管理人员使用的正式会计制度和他们实际的使用方式。(p. 264)

可通过实地调查进行数据收集，产生描述性、说明性、实验性、探索性或解释性的案例研究。他讨论了它们与新古典经济学和最近社会理论的联系，概括了案例研究的应用，并得出结论，“相比于传统的会计研究形式，重要的是认识到案例研究关注的是解释而不是预测”(p. 278)。

然而，在对 Scapens 文章的后续评论中，Llewellyn (1992, p. 29) 认为 Scapens 的观点有一些模棱两可和明显的自相矛盾，并且认为他并没有解释“以社会为中心的案例研究”何时会被广泛使用。Otley 和 Berry (1994, p. 46) 也加入了这场争论，认为：

> 案例研究似乎扮演了许多潜在的角色，但其核心角色的作用似乎是探索。探索性案例的概念超出了对解释的单纯描述（一个本身就有问题的概念）。

Otley 和 Berry 也意识到批判性、说明性和“偶然性”（访问是受限的）的例子。他们对其参与的四个案例研究进行了总结和思考，指出，“我们不会形成许多新理论，而会探索关于这四个案例研究的理论本质”（p. 55）。

Modell（2005）重点关注案例研究的方法在三角互证管理会计研究调查结果中的使用，并指出不同效度所关注的（参见第 3 章的效度讨论）理论验证和理论发展方法。他写道：

> 在理论逻辑验证占主导地位的情况下，三角互证工作趋向于通过基础调查研究中所运用的假设和测量工具的发展来进行外部建构验证。这是一种合适的方法，先前的理论提供了已被广泛接受的合理的构念和对因果关系的深入理解……相反，研究主要针对来源于未能证实的理论模型或假设理论的发展，并把三角互证作为一种扩展基于替代或互补因果关系的检验所建立理论的手段。这种内部验证工作通常采用事后调查结果的形式。（p. 250）

Cooper 和 Morgan（2008）认为案例研究有利于发展和思考会计专业知识，并有助于增加其相关性：

> 案例研究方法对研究者的研究非常有用：
>
> ● 复杂的、动态的现象涉及许多变量（包含非定量变量）。
>
> ● 实际操作，包括普通的、不寻常的或不常见的重大活动的细节（如会计规则的变更）。
>
> ● 现象中的情境很关键，因为情境会影响正在研究的现象（现象也可能与情境互动并影响情境）。（p. 160）

他们认为案例研究的优势之一是人们可以选择案例来理解不连续性和不均衡性（p. 161）。他们认为案例研究在促进实践的同时，也能在复杂且有价值的背景下进行理论推理、决策和判断，以识别围绕新问题的理论工作所起到的重要作用（p. 165）。他们提供了会计中一些极端的、带有偏差的、变化较大的、关键的和范式性的案例研究，并考虑了案例研究在管理会计、审计和财务会计子学科中的使用。

5.3.3 国际商业

Piekkari，Welch 和 Paavilainen（2009）考察了案例研究在国际商业领域的使用。他们通过分析 1995—2005 年发表在四大核心国际期刊——《国际商业评论》（*International Business Review*）、《国际商业研究杂志》（*Journal of International Business Studies*）、《世界商业杂志》（*Journal of World Business*）和《管理国际评论》（*Management International Review*）上的 135 篇文章以及 1975—1994 年发表的 22 篇文章，关注国际商业领域案例研究的成果。

1995—2005 年，这四大期刊发表的 1 287 篇文章中，使用案例研究方法的文章占了 10.5%。1975—1994 年发表的 459 篇文章中，这一比例为 4.7%。

"整体而言，我们发现国际商业期刊中盛行一种惯例：基于实证假设并在单一时间点进行的基于访谈的多个案例研究"（p. 577）。换言之，至少在所核查的期刊中，有限的案例研究设计正在被应用或发表。毫不奇怪的是，Piekkari，Welch 和 Paavilainen 认为案例研究的使用方法是更多样的。

Ghauri 和 Firth（2009）强调了使用计算机辅助定性数据分析软件（如 NVivo）分析从案例研究中收集的数据的好处。对他们来说：

> NVivo 的使用可以帮助研究者分类和整理数据，从而使他们进行更彻底和更可靠的分析。如果要使定性的案例研究得到更多的认可和发表，其透明度必须得到改善，使用标准化的数据分析软件可能会帮助研究者实现这个目标。（p. 29）

Vissak（2010）评论了案例研究作为一种研究设计在国际商业研究中的有用性和局限性，并提供了一些关于如何使其更有效的建议。她写道：

> 案例研究常用于国际商业领域，并服务于几种目的，包括理论创造、验证、反驳、提炼和预测。一些小国家和新领域可以运用案例研究方法研究复杂的现象和增值的过程，以及回答"怎么样"和"为什么（不）"的问题。此方法允许研究者在任何时间收集额外的数据，并使用不同的其他来源。（p. 382）

换言之，对于小规模研究者来说，它具有较大的灵活性。

5.3.4　营销

Bonoma（1985）提供了一个对营销领域中案例研究的概述，以指导其实践。他总结道：

> 案例研究确实给营销人员和营销团体提供了一些重要的机会。第一，它能够调查一些迄今为止由于其复杂性或生态性根源而在理论建构和分析中被忽略的重要营销问题。第二，从案例研究中获得的临床判断可能不仅会反馈到研究项目本身，而且会反馈到学校、咨询业务以及其他演绎理论验证工作。更一般地……案例和其他定性研究可以使营销学者更接近营销经理，同时为发展新兴和重要领域的营销知识奠定临床基础。（p. 206）

需注意案例研究与定性研究的（错误）联系。

Johnston，Leach 和 Liu（1999）考虑了案例研究在企业间（business-to-business，B2B）研究理论验证中的运用。他们主张发展一个系统的案例方法以做到这一点，并将这种方法称为确认性案例研究法：

> 这种确认性案例研究法有三个核心要素。首先，研究必须从理论形成的假设开始。其次，研究设计必须是逻辑性的和系统化的。最后，研究结果必须独立评估。围绕这些方面来设计研究项目，案例研究将是理论性

的、系统性的、严谨的和更客观的。(p. 201)

当然，他们绝不是仅有的呼吁采用更系统的方法进行案例研究的学者。例如，在早期的通用研究讨论中，Lee (1989a) 就提出了相同的观点。Riege (2003) 更进一步，认为“严格的案例研究分析方法……似乎特别适用于两个领域：网络系统和国际 B2B 营销”(p. 75)。他对案例研究的信度和效度特别感兴趣（参见第 3 章中关于这些问题的讨论)。

Halinen 和 Tornroos (2005) 调查了案例研究在现代商业网络中的使用。他认为：

> 在商业网络研究中，我们试图获取相关业务参与者、活动和事件之间的丰富联系。考虑到不同案例的边界环境、复杂性、临时性和可比性，可获得性和可行性之间总会存在一种平衡。作为网络研究者，我们需要发现一个可用的研究基础，以便掌握所选案例的丰富性和所需的比较元素。(p. 1296)

Beverland 和 Lindgren (2010) 通过一篇文献综述思考了“什么是一个好的案例研究”。这篇综述梳理了 1971—2006 年在《行业营销管理》(*Industrial Marketing Managment*) 杂志上发表的采用定性案例研究方法的 105 篇实证性文章（还有 16 篇定性案例研究未被梳理）(比较 Piekkari，Welch 和 Paavilainen (2009) 对四个国际商业期刊进行分析的文章中所讨论的国际商业研究部分，这些案例研究的元分析将在第 7 章进一步讨论)。他们总结道：

> 在定性案例研究中，作者解决案例研究质量问题的水平有了稳步的提高。虽然不太可能出现占主导地位的案例研究设计，但作者仍试图（在更严格的页面限制下）在不降低案例质量的前提下，为读者提供足够的信息以判断质量。(p. 61)

在同一期《行业营销管理》中，Dubois 和 Gibbert (2010) 关注了案例研究中理论、方法和经验现象之间的相互作用。他们认为：

> 有一系列方法可以用于行业营销中的案例研究。每种方法都与理论和经验现象有特定的联系，并且只要它有助于减少而不是增加案例研究的复杂性，就可能促进该领域的研究发展。(p. 129)

5.3.5 运营管理

McCutcheon 和 Meredith (1993) 提供了在运营管理领域中将案例研究作为实地调查方法的介绍。他们认为案例研究是一种对调查者很难控制事件的当代现象进行客观、深入调查的研究方法。虽然人们可能会质疑“客观性”这个术语的使用，但其他特点似乎看起来很恰当。McCutcheon 和 Meredith 认为，在数据收集中：

> 观察和访谈可以补充文件、历史记录、组织结构图、生产统计数据和其他资料，从而提供更清楚的理解或证实其他数据。如果拥有足够的背景理论，在案例组织中也有可能开展标准化调查。(p. 243)

作为一种研究设计，案例研究显然是利弊并存的，McCutcheon 和 Meredith 将严谨和标准化再次看作关键因素：

> 这种方法的灵活性虽然很有价值，但限制了共同标准和实践的发展。案例研究的研究贡献很大程度上取决于其设计质量和研究者的分析。案例研究的设计质量主要取决于研究者在处理信度和效度问题上的严谨性。(p. 245)

McCutcheon 和 Meredith 通过提供一份 1981—1991 年在五种运营管理杂志上发表的“真正的”案例研究的列表（总计 48 篇文章）和对其的简要分析，对自己的研究做了总结。

在另一篇文章中，Voss，Tsikriktsis 和 Frohlich（2002）也回顾了案例研究在运营管理中的应用，但其主要关注点是理论发展和验证。他们认为，“使用案例研究的实地研究是一种迭代方法，它经常涉及多样的数据收集方法、多样的研究者以及概念和结构的演变”(p. 210)。

5.3.6　公共管理

Barzelay（1993）试图解释公共管理研究中单个案例研究如何“产生关于管理理性、专业治疗和规范推理的经验准则”(p. 305)。Jensen 和 Rodgers（2001）采取了一种截然不同的立场，描述了如何使用元分析来累积案例研究的“智力黄金”。他们认为，“公共管理非常适合采用案例研究，因为案例研究满足了对条件发现的识别需求并实现了其他方法很难获得的对因果关系的深度理解”(p. 235)。

Jensen 和 Rodgers 提供了有趣的案例研究类型：初步印象型（snapshot）、纵向研究型（longitudinal）、前后验证型（pre-post）、拼凑型（patchwork）和比较型（comparative）（参考第 2 章对案例研究类型的讨论）。对于 Jensen 和 Rodgers 来说，“个案研究的概化能力——任何形式的案例研究的首要关注点——可以通过将个案研究累积的证据放到元分析中进行检验”(p. 239，参见第 7 章对元分析技术的进一步讨论)。

5.3.7　采购与物流

Ellram（1996）详细介绍了采购和物流领域中用于处理误解、设计问题和数据分析的案例研究应用。她认为：

> 不是任何人都可以应用案例研究的研究方法论。它需要细致的规划和实施。它要求人们具备能够从数据中走出来、客观分析数据、创造性地形

> 成解释和搜索模式以及努力发现所显示模式中的漏洞或问题的能力。案例研究和定性研究具有信度的关键是使其研究程序和研究过程清晰明了。(p. 114)

Ellram 再次将明确性、严谨性和客观性视为案例研究成功的关键。她还提出一系列适合案例研究的潜在话题，并在冗长的附录中展示了案例研究调查的细节。

5.3.8 微型企业

Chetty (1996) 介绍了研究中小企业时对案例研究方法的使用，并讨论了其在出口绩效研究中的应用。她认为许多结论并不适用于大型研究 (p. 81)。

Perren 和 Ram (2004) 提供了小型企业案例研究者所使用的范式地图。他们希望其分析能有助于范式意识的形成，从而帮助研究者"跳出目前在这一领域存在的范式岛屿粗糙的多元化'双保险'尝试，并提供一些共享的讨论空间" (p. 95)。然而，研究者通常在其孤立的岛屿上感觉更舒适，或者换一种常用的比喻，在各自的绝缘体中工作。

De Massis 和 Kotlar (2014) 给研究者、评论家和编辑提供了一些家族企业研究中使用案例研究的指南。他们认为：

> 案例研究能够通过加深对家族企业的理论理解，进而给家族企业学者提供促进家族企业文献发展的重要机会……随着家族企业领域的不断成熟，案例研究为家族企业的研究学者提供了越来越多的机会去促进主流管理文献的发展。(pp. 27 - 28)

商业和管理领域案例研究者所提供的这些建议和结论中，有两点尤为突出。首先，从好的一面来说，案例研究是一种非常灵活的方法，广泛适用于探索商业和管理的许多不同方面。其次，在某种程度上，由于案例研究的灵活性，研究者在开展案例研究时需要非常谨慎，并明确必须做出（不可避免）的选择，它是积极的还是消极的取决于你自己的看法。

5.4 教　育

Good (1942) 对教育领域案例研究中涉及的程序进行了一个早期的分析，他将案例研究与案例工作进行对比。案例工作涉及需要对案例进行的纠正性工作，而案例方法指的是出于教学目的的案例研究的使用。

大约 45 年后，Wilson 和 Gudmundsdottir (1987) 指出，"我们作为研究者去开发一系列关于新教师的案例研究的经验已经明确表明，最近文献中案例研究的主要特征是不完整的"，并且主要关注"什么是案例的概念性问题" (p. 42)。通过一个解释循环（一个循环的质疑和修订过程），他们注意到了案例边界的特殊性：

> 我们从案例边界最粗糙的概念开始描述研究类型。通过对理论结构和模型的逐步阐释，围绕有争议的实证案例的不足逐渐明晰……我们与数据的抗争使我们更加睿智。研究者认为案例的界限不是有形的、显而易见的或静态的。(p. 52)

第8章会进一步讨论案例边界的问题。

Bassey (1981, 1983, 2001) 多年来一直关注教学案例研究中的概化问题。他指出：

> 最近，英国关于教育研究本质的著作似乎认同了两个期望：(1) 教育研究应该将概化融入教育理论；(2) 教育研究在某种程度上应该有助于教育实践的改进。(1981, p. 73)

作为对教育研究中长期存在的一个争论的回应，他质疑这两个期望是否兼容，并认为：

> 单一事件研究比概化性研究更加有利（根据对教师有用的标准来判断）……单一事件研究的优点并不在于它的推广程度，而在于教师阅读它并将它与自己的教学联系起来的程度。(1981, p. 73)

Wilson (1979) 针对政策和实践领域案例研究评估的有用性得出了类似的结论。

2001年，Bassey已经改变他的想法，认为“模糊”概化的优点是保留不适用所有情况的概化。在可能的情况下，这种概化是通过“可信度的最佳估计”来实现的。然而，Hammersley (2001) 批评了这个观点。他认为所有的概化都是有条件的，还探究了案例研究具有特定概化的必要性，并质疑“任何一种基于研究的概化都能告诉我们实践者在特殊情况下将发生什么”这一观点(p. 224)。

Stenhouse (1979, 1978) 认为案例研究可以给对比较教育感兴趣的研究者提供很大的帮助。他写道：

> 对教育研究中实验样本范式的批评导致案例研究重新兴起。我对其他国家学习和写作比较教育中的传统进行了类似的批评，并要求在我们的领域形成一个更好的基于日常教育特殊案例研究的典型代表。案例的积累可能会在适当的时候产生一些概化，但永远不会取代人们对实践案例的精确理解，而且这是以实践的描述性为基础的。(p. 10)

在大规模随机试验被视为推动循证实践发展的黄金标准这一背景下，关于新科学时代案例研究设计的实用性，Donmoyer和Galloway (2010) 与Stenhouse的看法相类似。在案例研究过程中或附带案例研究考察定量方法的使用时，Donmoyer和Galloway得出结论：

> 目前，人们试图将定量方法置于案例研究设计的前沿和中心，这样做

> 尽管有一定的合理之处，但高估了案例研究背景下定量方法可以揭示的内容。此外，我们的研究强调了一些相当大的、可能难以解决的问题，这些问题与使用大规模研究来检验和验证从案例研究中产生的假设有关。该研究还提醒我们，当案例研究仅作为拥有较大样本量的大型研究的假设来源时，它可能会缺少对相互作用的情境变量的细微理解。(p. 24)

虽然这种观点支持了被普遍接受的案例研究本质上完全或主要是定性研究这一观点，但无论是定性研究、定量研究还是混合研究，其重点都是要重视案例研究方法的恰当性和使用（参见第3章对定性、定量的讨论）。

Foster, Gomm 和 Hammersley（2000, p. 227）研究了教育领域中的案例研究，指出“大量研究教育不平等的案例研究得出了评估性结论，但它们本不应如此”。他们认为，案例研究应该提供与价值相关的事实信息，并且明确相关性所依赖的价值假设（p. 228）。Lakomski（1987, p. 147）提出了相关观点：“基于参与者解释或理解的研究结果准确性的案例研究所声称的要比它们所能有效证明的多”，并将这一观点与对知识本质的不充分理解联系起来。

Snyder（2012）提供了她所谓的案例研究，我们可以将其视为教育研究（或一般的社会科学）中设计使用的一个例证。她介绍了一个强有力的定性研究方法，该方法形成于对四名女性职业转换之旅的研究中。她使用档案写作（archived writing）、日记（journaling）、与参与者相关的照片（participant-generated photography）、访谈（interviews）、成员检查（member-checking）和反思性分析备忘录（reflexive analytical memos）等来追踪四名女性从STEM（science, technology, engineering and mathematics）领域转到中等教育领域的过程（p. 1）。

Canen（1999）介绍了一种相反的经历，指出了研究者将注意力集中在单个案例的数据收集上可能承担的风险。在一家英国教师教育机构进行民族志案例研究时，她遭到了一位高级行政人员的反对：

> 当我向政府机构提交一份说明文件，提醒它所许下的……承诺时，我收到了一个指责我不礼貌、缺乏道德意识和歪曲表达意见的答复……这封信指出我不应该再与学生或该机构的工作人员联系。实证工作就这样结束了。(p. 53)

这个例子说明了进行实证研究时获得数据权限的重要性（第8章“进入角色”一节将进一步讨论）。

不同的教育领域、部门或层次

尽管目前大多数研究关注学校教育，尤其是中等学校教育，但案例研究设计的使用例子可以在教育研究的所有领域、部门或层次中找到。因此，Sleeter（2009）提供了一个有关个体教师课程安排的案例研究，Wells 等人（1995）调查了种族混合学校中降低分组或追踪能力的效果。

在特殊需要教育领域，Ghesquiere，Maes 和 Vandenberghe（2004，p. 171）讨论了“使用定性案例研究来描述和理解学校中发生创新现象的复杂现实”。

在教育技术方面，Khan（2008）在进行教育计算机模拟设计时比较了案例研究的使用、其他知识源、实践者和学科情况，并得出结论，“在 23 个设计决策中，有 16 个使用案例研究作为决策信息来源。因此，案例研究对模拟设计产生了最重要的影响”（p. 423）。Williams van Rooij 和 Zirkle（2016）为残疾学习者在线学习计划的协作开发提供了案例研究。

在高等教育方面，Harland（2014）指出，在他对自己教授的为期一年的学术发展方面课程所进行的小规模研究中，案例研究设计的使用无处不在。他指出参与者认为特别具有挑战性的四个问题：“（1）案例研究的实质是什么？（2）何种形式的数据是可接受的？（3）何时停止分析？（4）怎么做一个高质量的案例研究？”（p. 1115；当然，本书的其他部分也提到了这些问题，尤其是第 8 章和第 9 章）。Parker 等人（2009）将学生参与社区服务学习的影响看作大学生健康单元的一部分。

Healey 等人（2010）介绍了一个关于学生感知学者研究角色的单一机构案例研究。该研究通过问卷调查和小组访谈收集了定量和定性的数据，Healey 等人得出结论，“低研究密集型大学能够通过探究进行主动学习并把研究和教学结合起来，而这种方法在高研究密集型大学中更普遍”（p. 243）。

Corcoran，Walker 和 Wals（2004；另见 Jones，Trier and Richards，2008；Kyburz-Graber，2004）考虑使用案例研究方法来研究高等教育的可持续性，并回顾了 54 篇期刊文章。与 Harland 类似，他们确定了四个要点：

> 第一个要点是研究目的。从我们的分析中可以清楚地看到，许多案例研究并没有一个明确的目的，研究者进行案例研究时，往往不能展示研究如何充分阐释研究目的。第二个要点是参与者的角色。潜在地代表不同利益的所有参与者参与研究并阐明他们在创新中的角色是很重要的。第三个要点是概化和情境化之间的紧张关系。每个学校或机构都是不同的，每个机构在可持续发展问题的处理方式上都具有各自的特殊性。因此，一项研究能够解决来自某个机构的实践和学习如何才能超越机构内部和机构间案例开发的背景这一更具变革性的问题是很重要的。第四个要点是挑战。当一项研究能够挑战读者或作者时，它更具变革性。（pp. 14－15）

需再次重申，正如在商业与管理领域中一样，在实施和报告案例研究时，研究者要强调以高标准为目标的需要。

5.5　健　康

案例研究广泛应用于医疗保健研究，它既涉及一般性研究又涉及特殊性研究，如医药、护理或物理治疗研究等。关于医疗保健研究的案例研究设计使用指南已经发表了很多（如 Crowe et al.，2011；Kim，Price and Lau，2014）。

通过阅读一些比较普遍的研究，人们可以发现许多对比鲜明的例子。比如：

- Fletcher 等人（2009）报告了定性案例研究的使用情况，包括访问两所样本学校的学生，以及探讨学校如何影响药物使用。
- Flicker（2008）在一个关于社区健康教育项目的案例研究的基础上，提出疑问：谁将从这种研究中获益以及他将在多大程度上获益？
- 在关于案例研究的诸多著作中，Yin（1999）为改善与医疗服务研究相关的案例研究质量提供了指导。
- Wilson，Huttly 和 Fenn（2006）提供了一个关于复杂的纵向项目样本设计的案例研究，该研究重点关注欠发达国家的儿童生活情况。
- Abbato（2015）报告了使用案例研究评估澳大利亚农村流动性痴呆症教育和支持服务的情况，该研究对利益相关者进行访谈，并对客户数据进行文本分析。

以上每一个例子都明确强调利用研究来改善人们的生活，这是医疗保健领域中大多数案例研究的一个普遍特点。但是，大部分研究是在特定的主学科或子学科内进行的。接下来，我将列举医学、护理和物理疗法学科研究，以及精神病学、精神分析学和心理治疗的重叠学科研究。

5.5.1 医学

Lukoff，Edwards 和 Miller（1998）认为，案例研究可以为研究替代性的医学疗法提供有价值的观点和数据。这部分地源于它们在医学和健康领域的专业性历史用法，“从希波克拉底到近代，病史这种叙事形式一直是所有关于治疗艺术的文献的基石”（p. 44）。当然，案例研究也广泛用于医学培训（如 Bair，1980；Griffiths，2009）。

虽然 Lukoff，Edwards 和 Miller 认为案例研究不总是一种科学的方法，但他们认为，“即使在最具挑战性的情况下，当研究者遵循已发表的几篇关于案例研究的文章中的指南时，案例研究的信度也可以得到提高”（p. 46）。他们特意参考了 Stake 和 Yin 的著作。需再次重申，实践的标准化和交接的细心是案例研究得以成功的关键。

Schneider（1999）讨论了他所认为的“多案例深度研究”。他将多种病例设计和深度治疗原理结合起来，并将其作为解决关键问题的一种手段：

> （1）哪些疗法在哪种情况下能帮助或阻碍哪种类型的患者？（2）症状缓解与气质类型变化的好处分别是怎样的？（3）治疗之外的哪些因素（如家庭关系、社交网络和经济状况）既会影响治疗又会受治疗影响？（4）时间对治疗结果的影响是什么？（5）患者感受到的痛苦是什么？是健康状况

吗？（p. 1538）

显然，Schneider 对案例研究设计在医学研究方面的有用性和恰当使用几乎毫不怀疑。

Blencowe 等人（2015）在医学研究的黄金标准情境——随机对照试验（RCT）中，进一步应用案例研究（尽管仅是在试验性研究阶段）。他们对胃旁路手术进行了八个定性的案例研究，包括视频数据采集、非参与者观察以及对所涉及的外科医生的采访。他们总结道：

> 手术中的随机对照试验是很难设计和执行的，原因之一是手术干预很复杂。案例研究提供了一种探索这种复杂性的方法，使医生了解如何在试验中描述和标准化手术干预。手术室案例研究的成功完成，发展出了能应用到更大范围的外科手术随机对照试验的干预设计和传达的手段方法。这使手术干预机制正确地建立了关键的过程与步骤，并保证了一定的标准化程度。这极有可能影响随机对照试验中的手术介入程度设计和实施方式。（p. 8）

因此，与访谈常用的混合方法研究设计的使用方式相同（第 9 章将进一步讨论），案例研究也能用于设计大量医学研究所依赖的随机对照试验，并以此来确定医疗调查中的关键问题。

5.5.2 护理

Anthony 和 Jack（2009）对 42 篇护理类研究论文进行了分析报告（这是另一个元分析例子，将在第 7 章做进一步讨论），他们对定性案例研究方法尤为关注，并指出：

> 首先，合理选择和勤于应用文献综述法能够推动护理学的卓越发展。其次，定性案例研究作为一种被广泛接受的解决人类护理问题及与世界范围内其他学科相关的其他复杂问题的方法，已经在护理研究辞典中获得稳固的地位。再次，学习和更加广泛地利用定性案例研究方法的成果不仅能推动护理学的发展，还能为人类健康做出巨大贡献。最后，尽管方法论专家对定性案例研究方法的看法存在分歧和冲突，但在护理学领域中使用定性案例研究方法的情况越来越多，我们需要继续分析和评估护理学知识的发展，以应对护理、健康和保健方面日益复杂的挑战。（p. 1177）

以上内容同绝大多数的案例研究支持者所希望看到的一样，即人们对案例研究极为推崇。显然，与医疗相比，案例研究在护理领域得到了更广泛的使用。

Bryar（1999），Casey and Houghton（2010）以及 Woods（1997）为案例研究在护理学研究中的使用提供了可行的指导，Woods 的结论是：

> 案例研究方法的一个关键优势是，它考虑到了所观察现象的自然环境，而且不会忽略对受试者及其行为有显著影响的语境细节。案例研究方法应该被看作对其他研究方法的补充。它对护理人员研究者有很大的帮助，因为它有助于增进人们对护理工作的理解。(p. 55)

Walshe (2011) 提倡使用案例研究方法来评估姑息治疗中的复杂干预。她指出，寻求案例研究策略的研究者需要考虑三个主要问题来发展和改进综合评价方法：案例选择、纵向设计和使用对立假设 (p. 780)。纵向设计的提出十分重要，它对时间序列研究在保健干预机制的价值评估中的必要性做了进一步的验证（案例研究与时间序列研究的结合将在接下来的第 6 章讨论)。

5.5.3 物理疗法

Ritchie (2001) 认为定性方法的使用，尤其是开展一系列定性的案例系列研究，能为定量研究的结果提供强有力的支持。

> 系列研究的价值在于它可以通过适当的严谨的分析来观察病例中的一些共性，以揭示临床情况下做出治疗决策的范式与重要含义。临床治疗决策水平存在差异缘于由病例系列研究得到的含义来自对系列的样本和应用的观察以及所形成的对样本中特定范式的解释。(p. 131)

她总结道，“做得好的案例系列研究极有可能大大增强临床应用的指导可信度”。因此，多案例研究和时间序列纵向研究对医疗干预指导机制的评估十分有用。

在健康研究领域，案例研究设计广泛应用于物理疗法。绝大多数案例研究仅仅简单提供成熟案例的描述性分析，这体现在检查实践、管理和培训的各个方面（例如，Adams and Tyson，2000；Cowell and Phillips，2002；Ogulata，Koyuncu and Karakas，2008；Young，2013)，而不是提出研究设计的发展建议。

5.5.4 精神病学/精神分析学/心理治疗

精神病学、精神分析学（心理分析学）和心理治疗是密切相关的学科，在这三门学科中，案例研究的特殊用法已存在很长一段时间（这会在本章靠后部分关于案例研究在心理学相关学科的使用中讨论)。现在，和医疗保健的其他研究分支一样，单个临床案例的研究也是专业研究工作的基石（McLeod，2010)。Leitenberg (1973) 概述并举例说明了单个案例实验设计的有效范围。

与其他研究领域一样，这三门学科中也存在一些对案例研究有用性的质疑。因此，Jones 和 Windholz (1990，p. 987) 指出，为了确立临床证据在精神分析结构测试中的适用性，对形式化案例研究的研究效用的论证是有必要的。他们通过 Q 技术（Q-technique）解释了精神分析案例研究如何适用于定量分析。

Jones 和 Windholz 共同开发了一份包含 100 个条目的“心理治疗过程量表……将治疗者-患者的互动变为适于定量比较分析的形式，并用基础的临床相关术语为综合描述提供基本的语言和评分程序”（pp. 988 - 989）。他们用以下方法解释其策略：

> 量表探讨了分析过程范围内的各种现象，包括移情表现、反抗和重建，以及分析师的活动（如澄清、解释）和病患的情感状态，如焦虑、沮丧或其他症状行为。编码手册对 Q 技术进行了详细说明，提供了各个条目及其释义，并通过举例来最大限度地减少对条目的不同解读。(p. 990)

Jones 和 Windholz 通过一个特殊的临床案例演示了如何将这种技术用于病例的定量总结。

Elliott (2002) 采取了另一种方法来探索诠释学的案例有效性，这是一种治疗案例中定性与定量相结合的评价治疗因果关系的方法。他的结论说明了小规模研究中研究者与研究对象的关系如何紧密交织在一起，特别是当这种关系产生动态影响时：

> 对治疗结果的说明是一个基础的解释过程，涉及双重诠释学的患者（参与自我解释的过程）和研究者（解释自我解释过程中的患者）。双重诠释学理论认为，患者实际上是一位共同研究者，他扮演一个主动进行自我解释和自我改变的角色。研究者作为第二位行为研究者，解释患者的行为，并仔细筛选患者提供的有时相互矛盾的各种迹象和指标。(p. 20)

Edwards, Dattilio 和 Bromley (2004) 探究了基于案例的研究和基于证据的实践在心理治疗方面的关系。他们认为：

> 多变量研究的局限是，它虽然能通过统计程序从样本中推断人口的特性，但不能从样本中推断单个案例的特性。这是实验者需要了解的……基于案例的研究可以为治疗者提供关于患者态度或信念的差异化知识，这些知识可能影响患者的治疗参与度，研究所提供的知识还涉及如何有效应对患者情感、思想、行为等方面的细节问题。(p. 595)

显然，基于案例（或个人）的信息是为个体提供治疗的关键。

同样，Etherington 和 Bridges (2011，详见第 7 章) 描述了咨询中叙事案例研究方法的使用，并重看案例的审查和咨询方案的结果。他们发现叙事案例研究的过程是“为参与其中的人赋予权力”(p. 21)。

同其他在医疗保健领域工作的研究者一样（相关研究设计在第 6 章有更详细的讨论），Gottman (1973) 主张使用时间序列案例研究设计：

> 时间序列分析能够对单一对象进行长时间的研究，并观测随时间推移而形成的干预效果模式。它还能帮助治疗师利用反馈信息来制定决策，并

> 且是评估心理治疗效果的有用工具。(pp. 104 - 105)

类似地，Jones 等人（1993，详见第 7 章）清晰阐述了单案例研究的范例，包括关于长期心理治疗的时间序列研究。

本节引用更多的研究来展示相关学科中案例研究设计的知识和使用是如何发生作用的。例如：

● Kazdin（1981）讨论了人们可能采用的程序，以最大限度地提高从案例研究中得出内部有效结论的可能性（p. 183）。

● Hilliard（1993）讨论了单案例研究方法在心理治疗过程和结果研究中的应用，区分了单病例实验、单病例定性分析和案例研究。

● Dugard，File 和 Todman（2012）专注于在单病例研究和小样本实验研究中进行随机测试。

显然，案例研究能在职业化学科中发挥很大作用，这些学科通常关注个体。

5.6 其他职业化学科

除了商业和管理、教育和健康等主要领域，还有许多其他职业化学科或应用学科利用案例研究进行研究设计。接下来，我们将讨论来自发展学、信息系统、法学、图书信息学以及社会工作的例子。与商业和管理学一样，这些学科的案例研究拥有自身特定的范式，比如它们是作为一种教学方法和研究设计而被使用。

案例研究设计不只在上述职业化学科中应用，它还同样应用于咨询（Lundervold and Belwood，2000）、第二语言学习（Casanave，2003）和软件工程（Runesson and Host，2009）等领域。

5.6.1 发展学

Vellema，Ton，de Roo 和 van Wijk（2013，详见第 7 章）用案例研究来分析乌干达和卢旺达发展倡议中的非政府组织合作伙伴关系。他们认为，“针对这些合作过程的案例研究有助于完善价值链合作关系（VCP）的预期发展影响与采用 VCP 的理论基础”（p. 305）。他们采用了案例分析和比较案例分析的方法，得出结论：

> 案例研究对合作企业在促进变革方面的具体贡献进行了界定和情境化，我们认为这是朝建立更完善的伙伴关系理论迈出的重要一步。(p. 316)

Woolcock（2013）也使用案例研究来探索复杂的动态干预机制，并关注外部效度。在讨论案例研究在这方面的有用性时，他强调了三个要点：

> 案例研究作为一种社会科学分析方法，其独特性超越了我们所熟知的定性/定量划分方法；案例研究能够引出因果关系并产生可验证的假设；

> 案例研究的重点是探索和解释机制（例如，确定如何、为谁以及在什么情况下观察结果，或称其为“打开黑箱”）。在过去的20年里，案例研究在分析基础质量上的飞跃被大家所低估（至少是在主流社会科学中）。(p. 241)

实际上，发展倡议评估很难不被应用于案例研究设计中，因为每一项倡议实质上都是一个限于或针对某一特定群体、区域或国家的案例。

5.6.2 信息系统

Cavaye（1996）基于已有研究，对能在信息系统领域得到有效应用的各种案例研究进行全面梳理。无论使用的是定量方法还是定性方法，以及无论案例设计是单个案例还是多个案例，她都从认识论（解释主义、实证主义或二者结合）、目的观（描述、发现或测试，或者它们的结合）的角度组织她的观点(详见第9章)。

Dube和Pare（2003）研究了信息系统领域使用案例研究的进展，着重关注实证主义案例研究在方法论上的严谨性。为了完成这一综述，他们评估了7种主要信息系统期刊中发表的183篇文章，主要关注问题设计、数据收集和数据分析（参见Beverland和Lindgren 2010年关于市场营销的文章，以及Piekkari，Welch和Paavilainen 2009年发表于国际商业期刊中的研究；元分析将在第7章进一步讨论)。

Dube和Pare聚焦1990—1999年这十年。在使用案例研究方法的261篇文章中，有210篇将案例研究作为主要的研究方法，183篇含有实证主义认识论。然而，Dube和Pare对此发现感到失望：

> 我们惊奇地发现，在我们的数据库中，有超过四成的案例研究文章没有关于数据收集过程的描述。在含有描述的所有案例中，只有9%的案例研究提供了关于数据分析的清晰详细的信息。(2003，p. 626)

显然，他们的评估表明，要达到信息系统领域中案例研究（尤其是实证主义案例研究）实践的标准化，未来还有很长的一段路要走。

在一个早期的小规模研究中，Doolin（1996，一项类似的早期研究参见Benbasat，Goldstein and Mead，1987）利用1989—1993年的四份期刊研究了使用案例研究设计的50篇文章。与Dube和Pare不同，Doolin做了一个比较，即将案例研究的实证主义方法与诠释方法进行对比，而不仅仅关注实证主义方法。他指出：

> 实证主义方法倾向于将案例研究作为一种构建“科学”理论假设的探索性工具，而诠释方法给予案例研究更核心的地位，并通过案例研究来获得对一种现象或人们行为意义的更深理解。(p. 28)

这一发现符合实证主义/定量认识论和解释主义/定性认识论的标准观念，

因此不会令人吃惊（参见第 3 章关于定性/定量争论的讨论，以及第 9 章对实证主义和解释主义策略的讨论）。

Darke，Shanks 和 Broadbent（1998）为案例研究在严谨性、相关性和实用主义相结合的信息系统科学中的应用提供了指导方针（他们错误地将案例研究作为一种纯粹的定性研究形式）。Lee（1989b）提供了类似的概述，并对案例研究如何解决生成控制观察、生成控制推理、允许可复制性、允许概化等方面的问题进行了解释。同样，Hashim（2010）以马来西亚的信息和通信技术的实施和管理为例，研究了多案例研究在理论构建中的应用。

5.6.3 法学

Caulley 和 Dowdy（1987）认为评估案例的历史与法律案例的历史是平行的，这一观点将有助于评估行业的发展。他们认为，“毫无疑问的是没有哪个专业会比法学更广泛地使用案例历史”（p. 360）。关于范式，他们注意到：

> 判例历史通常是由法官在他们的法律助理协助下撰写的，法律意见书没有强制性的撰写格式或公式。尽管如此，大多数意见仍需遵循一定的结构，这种结构已经进化为以逻辑方式和有序方式呈现决策的所有必要元素。按照通常的表现形式，这些要素包括：（1）具体行动的程序性历史；（2）案情陈述；（3）关于法院决定的法律问题的陈述；（4）讨论在之前的决定中提出且现在适用于本案法律原则的事实；（5）得到的结果。（p. 360）

法律案例的历史十分特殊，它具有效仿性，是学科性较强的案例研究（也称为描述性案例研究），它既在研究中使用，也广泛应用在教学中。有人认为，评估类似案例历史的发展能够对现有的判决提供参照和指导，并且有助于知识和经验的积累。

其他法律学者也仔细审查了案例研究的有用性。Linos（2015）讨论了国际法律案例研究的选择和发展，考虑了一般性的、因果性的、最不同和最相似的案例，以及关键的和带有偏差的案例，并对案例进行了比较。她总结道：“通过测试诉求和从非常一般的理论转为中观理论（这些理论清晰地指明了在什么条件下取得特定的结果），学者们可以从事理论丰富且与政策制定者和实施者更相关的工作”（p. 485）。

然而，大多数案例研究的术语在法律研究的语境中仅仅与具体案例的描述性分析相关（如 Brennan，1988－89；Sloane，2002；Urinboyev，2011）。

5.6.4 图书信息学

Fidel（1984）通过案例研究方法来确定网络搜索行为的一般范式。在这项研究中，五名经验丰富的搜索者被观察，并被要求在其搜索过程中仔细记忆，然后接受采访。接下来，通过比较来分析记录的数据，并在维恩图中进行总结。

然而，案例研究设计在图书信息学中的大多数应用只是提供对特定创新或实践的描述性评估（如，Battleson，Booth and Weintrop，2001；Funnell，2015），而很少提供案例研究的参考文献。

5.6.5　社会工作

Gilgun（1994）认为：

> 案例研究适合多种形式的社会工作实践。它虽然被批判为是不可控和不可诠释的，但在构建关于评估、干预和结果的社会工作知识方面有极大的潜力。（p. 371）

换句话说，案例研究可以用于社会工作研究和实践，其使用方式就像在健康行业中的一样。另外，Gilgun 继续为评估、解释和发展案例研究提供了一系列的指导方针。

Lee，Mishna 和 Brennenstuhl（2010）非常认同 Gilgun 的观点，并指出：

> 社会工作方面的案例研究在构建应急知识、连接整合研究与实践带来的持续挑战，以及确保在实践中提供高质量的客户服务方面具有巨大的价值。鉴于人们对以证据为基础的社会工作实践越来越有兴趣，基于不同证据水平的系统的案例研究评估是非常必要的。（p. 682）

Lee 等人就如何批判性地评价社会工作中的案例研究提供了指导，考虑了通用性/外部效度、可信性/内部效度、可验性/建构效度和依赖性/可靠性，以及三角测量、抽样、证据来源和数据分析等问题（这些问题在第 3 章有进一步的讨论）。

5.7　其他学科

案例研究同样应用于一些理论学科的研究设计，尤其是在社会科学领域。下面我们将讨论地理和环境研究、哲学、政治学、心理学和社会学领域中的例子。

5.7.1　地理和环境研究

Curtis 等人（2000）强调抽样和案例选择问题（详见第 8 章），他们将自己的定性研究例子用于健康地理学的研究。他们评估了 Miles 和 Huberman（1994）提出的六条标准：（1）抽样策略应该与研究提出的概念框架和研究问题相关；（2）样本应该产生大量关于需要被研究的现象的类型信息；（3）样本应当增强发现的“可概括性”；（4）样本应该产生可信的描述或解释；（5）抽样策略应该是符合道德的；（6）抽样方案应该是可行的。Curtis 等人的结论是：

> 这三个研究案例似乎都强调了在样本筛选中做选择的重要性。重要的是，我们需要明确这一点，而不是将它隐藏起来，我们还需要考虑这样定性研究的解释方式意味着什么。(Curtis et al.，2000，p. 1012)

需特别说明的是，即使样本是单个案例，明确抽样选择及其含义也是很有必要的。

Ford 等人（2010）比较了案例研究和类似（时间上或空间上的）方法论在气候变化的脆弱性研究方面的使用情况。他们指出，“大多数的脆弱性案例研究在局部地区（例如社区）层面上进行，这对确定局部适应干预和社区规划的机会至关重要。但在地区和国家层面也需要进行案例研究，以确定在更大范围内适应气候变化的机会”（p. 384）。Grima 等人（2016）也关注环境，并利用市场机制来改善土地管理实践。他们分析了 40 个已发表的关于拉丁美洲“生态系统服务支付”计划的案例研究。

Hopwood（2004）提供了一个多方法案例研究的例子，使用了元素的现象学、人种学和基础理论的元素（案例研究设计、人种学和基础理论的结合使用在第 6 章中有进一步讨论），还提供了一个指导列表，这一列表适用于案例研究中的多种方法研究：

（1）确保研究的理论基础和认识论基础是和谐的，并使用它们来开发一种互补的方法。

（2）一旦形成特定的研究问题，就可以考虑如何在回答这些特定问题的过程中可靠有效地解释数据。另外，探索和开发技术，并进行相应的定制。

（3）将数据收集和分析视为同步、持续进行的过程，并允许数据收集包含分析，以得到一种更可靠的解释结果。

（4）利用多方法设计的潜力来生成一系列的响应格式和内容，但是要注意三角测量的潜在问题——“想象”数据，以及如何在收集数据之前对数据进行分析。

（5）为所有方法生成矩阵，详细描述每个计划项目的实质性焦点和响应格式。这可以确保平衡，并将三角测量的机会纳入设计。(p. 352)

案例研究还被应用于地理和环境研究中更富应用性和专业的领域，例如规划和城市研究（例如，Franz，Tausz and Thiel，2015）。

5.7.2 哲学

Ruzzene（2012）关注的是外部效度问题有效性（第 3 章关于效度和信度的部分有详细的讨论），这个问题挑战了他的“传统”观点，即案例研究方法在外部效度方面是薄弱的：

> 传统的观点认为，外部效度问题是一种具有代表性的问题，它有两个主要的规范性含义。首先，它的方法论原则都以引导选择“正确”的案例

为目的，正确案例就是典型案例。其次，传统的观点认为，案例研究难以收集典型样本是方法无效的根源，或是获得外部效度的极端弱点。但是，这种推理在第一步就错了，这使得它的悲观结论存在问题。我认为，外部效度本质上不是一种代表性问题，而是一个推论，这个问题的代表性可能会提供一个或多个可行的解决方案。(p. 106)

因此，提高案例研究的可比性就成了一个关键问题，因为在对健康地理学(参见前一节）的研究中，Curtis 等人（2000）讨论的标准有明确的相关性。

5.7.3 政治学

政治学是近年来用于发展案例研究的一个重要“纯”学科，它见证了关于理性威慑理论和比较案例研究的激烈辩论。Achen 和 Snidal（1989；Most and Starr，1982）得出的结论是：

> 案例研究是理论构建和统计调查的重要补充……它们允许对寻找因果过程的历史序列进行仔细研究。分析人员能够识别出可信的因果变量，这是理论构建和测试必不可少的任务。将历史案例与理论预测相比较，可以看出理论故事是否吸引人，还可以为更正式的解释充分性测试提供必不可少的先验知识。该方法还产生了新颖的经验主义归纳方法，这种经验主义归纳方法对诠释论解释构成了难题和挑战。(pp. 168 - 169)

Gerring（2006）提出了他称之为单一结果研究的入门方法，即“研究一个有界的单元，试图阐明该单元内产生的单一结果”(p. 707)。他认为：

> 对单一结果的分析可以从三个不同的角度进行。第一种称为嵌套分析，它采用大样本的跨案例分析，以便更好地理解单一结果的特征。第二种即最常见和最相似的分析，它在一个小样本中采用跨案例分析（例如2～3个案例)。第三种通常称为“内部分析”，即从特殊兴趣案例中提取证据。(p. 717)

然而，他警告说，“跨案例和案例内的证据往往会说明一些不同的故事，而且没有简单的方法可供我们判断它们”（p. 728)。但显然，相对于其他相关案例，他更倾向于分析单个案例。

Bennett 和 Elman（2006）概述了政治学案例研究的最新进展，并像其他人在其他学科中所做的那样，指出了案例研究是定性方法的复兴。他们以非常平衡的方式得出结论：

> 案例研究方法已经出现，就像社会科学中所有广泛使用的观察方法一样，它是一种有用但有限且容易出错的推理模式。由于案例研究的相对优势与统计方法和规范方法的相对优势不同，方法论上最新颖且最令人兴奋的趋势之一是，人们越来越关注在同一研究或研究项目中结合具有不同传

统的方法。(p. 473)

我们可能不会在研究中对案例研究的相对优势不屑一顾（参见第 3 章）而在联合研究设计中使用案例研究将是下一章（第 6 章）的主题。

Levy（2008）提供了案例研究的一种分类方法（第 2 章讨论过），并着重于该案例研究的设计。他讨论了选择偏差、比较案例研究设计、过程追踪、关键案例设计和异常案例设计。他的结论是：

> 在数量、形式和案例研究中，研究者之间在共同认识论（基于定量与规范）主要的远超过用来划分它们的方法论差异。我还认为，其中一些差异被一些定性的方法论学家夸大了。这表明，将多种方法纳入研究项目的障碍很少，好处很多。(p. 15)

Odell（2001）在关于使用案例研究方法研究国际政治经济（IPE）的讨论中提出了类似于 Levy 的案例研究分类方法，即"有条理的解释性案例研究，假设生成案例研究，以及最不可能、最可能、不正常的案例研究"(p. 161)。

> 定性的案例研究方法十分吸引人，与统计方法相比，它在国际政治经济领域有很大的局限性，在其他领域也一样。在我看来，最普遍的含义是熟知但仍然不可避免。如果没有其他研究族，任何一个研究族都是不充分的。(p. 173)

Nicholson-Crotty 和 Meier（2002）在美国政策研究的环境中，针对单个案例研究的有效性提出了论据。他们认为：

> 专注于单个州的研究设计有时比那些使用来自所有 50 个州的来自数据的研究设计更可取。当研究者希望推广到一个分析单元而不是各州本身时，当给定状态下的条件为最严格的假设检验提供了一个独一无二的机会时，当单个州研究的测量优势超过了有限概化的成本时……对单个州的研究是合适的。是理论的可靠性和分析的严谨性而不是州的数量使研究更加有效和重要。(p. 411)

毕竟，美国的许多州都有相当大的占地面积和人口。Anckar（2007；参见 Dion, 1998）从更广阔的视角选择跨国家政治研究的案例，值得注意的是许多国际研究比较了其他发达国家和美国的州（大多数情况下是加利福尼亚州）。

Crasnow（2011）在关于方法论和因果多元论的讨论中认为：

> 尽管关于政治学案例研究的辩论确实提供了额外的手段来获取因果关系的重要证据，但它没有为概念上的因果多元论提供支持。案例研究调研对提供良好风险评估所需的信息非常重要，使用的推论（与正当理由相反）需要风险评估。科学目标多元化（承认使用和保证是目标）使人们更清楚地认识方法论多元化的必要性，并支持政治学案例研究扮演的重要角色。(p. 47)

案例研究单独使用或与其他研究设计结合使用将会在政治学研究中持续发挥作用。

5.7.4 心理学

心理学领域的案例研究具有特殊的意义和应用，这里指的是个体及其治疗（另见前文有关专业领域的部分讨论的精神病学、精神分析学和心理治疗对健康的影响）。大约50年前，Shapiro（1966）就开始研究单个临床/心理病例以及心理学案例研究的有用性能否获得有用的发现。他回顾了对三个主题的简单或复杂的描述性研究和简单的实验性研究，并指出：

> 如果人们不使用以个人为中心的调查，他们就不太可能在实验研究中取得重要进展……以个人为中心的临床心理学研究可以产生有意义和可复制的结果。（p. 19）

心理学案例研究的有用性多年来不断被提出。Hayes（1981）研究了在单个案例设计中使用时间序列实验，而McCullough（1984，p. 398）为他们的行为提出了一些建设性的指导方针：

> 病理现象应在整个病例评估、治疗实施、终止和随访过程中得到反复和系统的测量。此外，应谨慎实施治疗方法，并根据症状列表标准对治疗对象进行分类和匹配……如果N=1研究的这些最低要求得到满足，随着时间推移，认知研究者可能会朝着建立N=1应用认知研究被普遍接受的指导方针迈进。

Stewart和Chambless（2010）将个人实践中心理学家的实证研究的研究评论与案例研究进行了比较。他们发现，给经验支持治疗报告（使用随机对照试验得到的报告）增加一个案例研究会使心理学家更加积极地跟踪结果并参与相关的培训。

5.7.5 社会学

Burrawoy（1998，p. 4）描述了他所称的扩展案例方法，这一方法通过“开展参与者的观察来定位其外部和历史背景下的日常生活”。他认为这是反身性科学的一个元素，也是“传统”实证主义科学的另一种选择。他在反身性科学中找到案例方法，并用以下方式描述其特征：

> 反身性科学把环境和情况作为出发点。它在大环境中蓬勃发展，力图减少权力支配、沉默、客观化和规范化的影响。随着生活世界的解放，反身性科学意识到需通过消除权力效应来实现自我。即使乌托邦点可能正在消退，扩展的案例方法也能测量其移动的距离。在突出地方性民族志世界时，无论它是国际资本、新自由主义政治、流动空间，还是大众文化，它挑战了全球假定的全能性。反身性科学可以对背景进行修正，并挑战物

化，从而确定积极方法的局限性。(p. 30)

因此，从 Burrawoy 的角度来看，案例方法在社会科学方面具有巨大的潜力。

Mjoset（2006，详见第 7 章）着眼于“为‘案例研究和概化’的讨论带来更多的细微差别，并且使未来关于这个主题和相关主题的讨论更加难以依赖两种二分法（一般/具体和解释/理解）的简化应用”（p. 737)。他介绍了以色列的案例研究，该案例旨在“澄清为什么巴以冲突变得如此深刻和持久”(p. 738)。这涉及 22 个替代理论，他将其称为“实用概化”，并得出结论：

> 最好的单个案例研究就是那些依赖相当饱和的比较集的研究，即依赖相当成熟的本地研究前沿以解决案例研究所涉及的问题。这样的单个案例研究提供的解释有助于情境概化。(p. 763)

McCarthy，Holland 和 Gillies（2003，详见第 7 章）与来自三个不同案例研究“族”的 9 个人（p. 1）探讨了访谈分析方法。他们发现不同的“分析方法产生了不同形式的理解”（p. 19)。这是一个重要的发现，它支持一般的论点：给定的数据集可以以不同的方式和不同的角度来查询。这些发现虽然可能是支持性或互补性的，但不一定是相同的。换句话说，不存在一个正确的解释或故事。

Thacher（2006）主张社会科学的规范性和解释性案例研究的发展：

> 案例研究是社会科学分析的核心部分，它对因果解释和诠释性理解的贡献是众所周知的……社会科学案例也可以合理地为规范性理解做出贡献，以及……为许多已有的理论做出贡献。它们通过向我们展示激发我们做出尝试性道德判断的不熟悉情境来做到这些。当我们检查其元素之间的联系时，这些道德判断可能会破坏我们带给它们的规范信念网络的稳定性。我们以不同的方式来检查这些关联，包括检查一般原则与具体案例判断的一致性，反思案例之间的类比关系，或者使用道德概念来描述案例的特征。在这方面，规范案例研究代表了一种可行的方法，社会科学家可以用它来回应社会学和其他领域已经普遍存在的规范性研究的要求。(p. 1669)

这种规范性案例研究将改变我们的基本理念、义务和价值观。案例研究也应用于社会科学的更多应用领域，如犯罪学领域（例如，Chesney-Lind and Chagnon，2016)。

5.8 跨学科的结论

本章的分析表明，不同学科使用案例研究作为研究设计的方法有很多相似之处，在实践中也存在一些预期的差异。

先讨论相似之处。除了一般指南将案例研究作为研究设计之外（本书就是其中之一），还有许多以学科为中心的综述也是如此，这些综述探讨案例研究的优缺点、不同类型的案例研究、开展案例研究的实用指南和改进实践的建议。本章讨论的例子包括 Hagg（1979，会计）、McCutcheon 和 Meredith（1993，运营管理）、Harland（2014，高等教育）和 Woods（1997，护理）。这些例子通常根据所感知到的或希望得到的结果，随特定学科内案例研究普及度的增加而被情境化。

同样显而易见的是，在案例研究设计中常常提出的关于概化、信度和效度（见第 3 章）的问题在各学科中都存在，人们广泛地寻求和阐述对这些问题的回应。例子包括 Barzelay（1993，公共管理）、Woolcock（2013，发展学）、Dube 和 Pare（2003，信息系统）和 Ruzzene（2012，哲学）。这些回应通常包括定量/统计研究与案例研究的结合使用，提供三角测量或详细的范例，并结合使用两种方法的最佳方面（涉及案例研究的组合研究设计将在第 6 章更详细地讨论）。他们还经常讨论在理论发展或测试中案例研究的使用。

在学科实践中的另一个相似之处是使用元分析（在两个相关意义上），它是关于在主学科相关领域研究中已经完成的内容或子学科的案例研究。首先，研究分析了在选定期刊上发表的相关文章，揭示了案例研究的应用场所和方式，提供了迄今为止对实践的批判，并为今后的研究提出了建议。其次，其他研究汇总了在试图归纳其发现的同一主题或问题的案例研究中收集的数据。本章分析的内容包括 Piekkari，Welch 和 Paavilainen（2009，国际商业），Beverland 和 Lindgren（2010，营销），Corcoran，Walker 和 Wals（2004，高等教育），以及 Jones 和 Windholz（1990，精神分析学）。对案例研究的分析将在第 7 章进一步讨论。

就差异而言，我们已经在第 2 章中评论了使用案例研究方法进行教学以及某些学科（如商业研究、法学、心理治疗）的研究。从提供的分析结果可以看出，教学案例研究的开发和使用对在这些学科中如何为研究目的采用案例研究也有影响。例如，法律案例历史或更普遍的心理治疗临床案例及药物案例的使用就会产生影响。

另一个明确的研究方法是专家案例研究设计，如确认性案例研究法（Johnston，Leach and Liu，1999，营销）、诠释学单个案例疗效（Elliott，2002，心理治疗）、单一结果研究（Gerring，2006，政治学）和扩展案例方法（Burrawoy，1998，社会学）。然而，这并不是说这些专业设计应该或将会局限于它们的起源学科，或者被赋予不同标签的专业设计没有共同之处。

多学科审查引导我们恰当地从中得出一般性结论，即在案例研究方面（与其他许多事项一样），我们从方法、实践和策略的采用中可以学到很多东西，并将其应用于其他学科。在学术上，我们应对从别处学到的东西持开放态度，而不是局限在特定的主学科或子学科中，从而变得过于狭隘，这样的学习将会更加健康。

5.9 小 结

我们在本章中：

- 确定案例研究设计在各个主学科和子学科中的广泛应用。
- 探讨案例研究如何在商业和管理、教育、健康、其他职业化学科和所谓的纯学科中被概念化和应用。
- 考虑在确定的不同主学科和子学科中应用案例研究设计的异同。
- 得出的结论是，如果我们对案例研究设计的使用和发展感兴趣，我们需要密切关注围绕各学科（包括我们自己的主学科或子学科）发生的事情。

5.10 重要文献

David, M (ed.) (2006) *Case Study Research* (4 volumes). London, Sage.

Scholz, R, and Tietje, O (2002) *Embedded Case Study Methods: Integrating quantitative and qualitative knowledge*. Thousand Oaks, CA, Sage.

Stake, R (2005) Qualitative Case Studies. pp. 443 – 466 in N Denzin and Y Lincoln (eds) *The Sage Handbook of Qualitative Research* (3rd edition). Thousand Oaks, CA, Sage.

Tight, M (ed.) (2015) *Case Studies* (4 volumes). London, Sage.

Yin, R (2009) *Case Study Research: Design and methods* (4th edition). Thousand Oaks, CA, Sage.

第6章 组合研究设计中的案例研究

Case Studies in Mixed/Combined Research Designs

6.1 引 言

第5章表明，案例研究作为一种研究设计在不同学科领域中有不同的形式。正如本章所述，它通常与大量其他研究设计结合使用。这些组合运用既增强了案例研究的吸引力，又明确了其作为研究设计的稳健性。

本章首先对案例研究在组合研究设计中的应用进行了总体讨论。然后，识别和探究了这种组合设计的例子，包括行动研究和其他参与式研究、复杂性科学和网络理论、建构主义和批判现实主义、内容分析、民族志、评估、实验、扎根理论、调查，以及系统设计和时间序列设计。最后，对案例研究与其他研究设计相结合的便利性进行了大致的总结，并对作为一种设计的案例研究本身进行了探讨。

细心的读者会从上述列举中注意到“设计”在这里被广泛或灵活地使用(参见第3章对案例研究作为一种研究设计的讨论)。虽然罗列的大多数条目可被看作研究设计，但是将其中一些条目称为理论（如网络理论，而不是扎根理论）或者认识论（如建构主义、批判现实主义）可能更准确。在“研究设计”标签下将它们聚拢起来主要是为了方便。

6.2 在组合研究设计中使用案例研究

有一个问题马上就会出现：“为什么要使用组合研究设计?”毕竟，尽管我们必须承认不同的研究者会给予每一项研究设计不同的解释和应用，但是每一项研究设计都在某些假设的基础上被巧妙地组合在一起，在实践中被评估，并为满足特定需要而被修改。那么，把基于完全不同的假设并使用不同方式的设计组合在一起合理吗？显然，一些研究者正在这样做，他们也一定相信这样做是合理的。

专栏6-1列出了一系列解释或判定案例研究设计与其他研究设计结合使用的可能原因。这些原因大多是正面的，例如可以利用组合研究设计的优势，提高严谨性和概化能力；或者具有实验性质，例如可以引入一种案例研究设计的特殊变体或新的混合研究设计。它们的基础在于两个认识：首先，研究者总是在寻找加强和改进其工作的方法；其次，一些研究者（虽然可能只是少数人）也在寻找改进研究设计的方法。

专栏 6-1

在组合研究设计中使用案例研究的可能原因

1. 将两种设计的优点相结合，或者尽量减少它们的缺点。
2. 增强研究的信度、效度、严谨性和概化能力（或值得信任性、可靠性、可转移性和可证实性）。
3. 在研究项目中设计一个特定的序列，即表明另一种设计是紧随案例研究还是先于案例研究。
4. 跨时间和空间拓展案例研究（单个或多个）。
5. 开发一种特定种类的案例研究设计。
6. 将案例研究设计与另一种与其有相通之处的研究设计（即具有相似的假定）联系起来。
7. 将案例研究设计与另一种非常不同的研究设计结合起来，从而建立一种新的混合设计。
8. 在案例研究中整合一种特殊的方法。

当然，组合研究设计不只是案例研究者要思考的问题。一个显而易见的例子是，实证主义或混合方法研究者，即那些将定性和定量方法相结合的人（参见第 3 章关于定性/定量争论的讨论），很容易采用组合研究设计（Tashakkori and Teddlie，1998，2010；Teddlie and Tashakkori，2009）。

通常来说，不同设计的使用在本质上是连续的。因此，可以在被调查者样本中先实施定性方法（如深度访谈），以便找出适合在随后的大样本调查中提出的最佳问题；或者可以采用相反的顺序，先对被调查者进行定量调查，询问他们是否愿意接受访谈，然后与那些愿意接受访谈的人保持联系，以便更详细地探究正在研究的问题。

在组合案例研究的设计中也可能出现这种情况，正如专栏 6-1 所示的第三个原因。使用多种数据收集方法的案例研究可能会用于建立更大的研究框架；或者研究者可能会追踪被调查者，特别是那些已经被确定为进入深度案例研究范围的个体或组织。

因此，在组合研究设计中使用案例研究是一种合理且正当的策略，但由于研究规模较大，它可能不是最适合新手的方法。

6.3 组合研究设计例子

本部分重点讨论案例研究与其他研究设计结合使用的例子。案例研究虽然基于广泛的文献综述的成果，但并不全面。例如，其他研究者探讨了聚类分析和案例研究之间的关系（Uprichard，2009）。研究设计的其他例子和组合可能被忽略掉了。所描述的对研究和方法的选择是说明性的，因此，排除任何特定研究都不代表对其质量或其他方面进行判定。

6.3.1 行动研究和其他参与式研究

行动研究是一种研究设计，它的目的是使积极改变（即行动）在任何背景或主题中都可以被研究。它通常以一种参与的形式进行，研究者通过研究过程的各个阶段（从设计到数据收集，再到解释和宣传）与研究情境或组织中的人员密切合作。行动研究通常历时两个或更多的周期，第一个周期中的学习和收益将有助于第二个周期的研究工作，以此类推，直到各方都认为已经完成适当的变革（例如，参见 Koshy，Koshy and Waterman，2011；McAteer，2013；Reason and Bradbury，2006）。

Bates（2008）作为一位致力于评估和改善其实践的犯罪学家，对此进行了解释：

> 一个致力于解放课程概念的教育实践者，同时也是一名课程设计者、会议召集人以及主导教师，当她试图研究自己的实践时，她的第一个反应就是将行动研究作为最合适的方法。行动研究提供了一套经过严格检验的方法，并借此进行数据收集、分析、理论建立、报告、规划以及进一步开展行动。它建立在一系列假设和信念的基础之上，这些假设和信念通过学生的行为学习的实证数据来证实。（p. 97）

实际上，正如 Bates 所说，在教师研究文献中行动研究已经很成熟。对她来说，问题在于她感兴趣的研究课程是短期的，因此不能给予经典行动研究中的反馈循环和周期性发展以充分的时间。她对此的回应是开发一种行动研究的改良形式，并将其称为反应性案例研究：

> 有一种方法允许参与者提供他们感知到的相关数据（通常包括观察、行动的描述、反思和分析），以帮助人们规划下一次开设的高等课程。因此，随后的新一轮行动、观察、反思和计划，以及由此产生的任何报告或概念性结果，都可作为一系列正在撰写的报告内容，或作为对努力得出结论的总结。这将形成下一次课程迭代的基础，并且这个循环将再次在一组新的参与者中发生。（p. 98）

Bates 研究的另一种分类方法是分为一系列短案例研究，它们结合起来形成一个行动研究项目。

然而，行动研究并不是参与式研究设计的唯一形式，尽管不同设计的使用实际上差别似乎不大。在某些例子中，研究者可能因为不了解行动研究，提出了一个新的设计标签来覆盖同样的东西；或者他们可能意识到了这一点，但不希望使用这个标签及其可能带来的所有关联（这是研究中的常见现象，研究者通常在相对狭窄和独立的“筒仓”中工作，没有或不会去寻求更广阔的视角）。对于下面的例子，我不知道为什么研究设计没有被认定为行动研究。

Schiele 和 Krummaker（2011）讨论了他们所称的“联合标杆管理”，在一种商业环境中，学者和实践者一起工作来衡量最佳实践。这一过程包括四个阶段：准备、“启动”研讨会、标杆访问和对所学课程的关联进行回顾。他们认为：

> 联合标杆管理是管理研究中一种创新的多案例研究方法，它至少包含五个在多案例研究中没有被考虑的方面。联合标杆管理把实践者作为共同研究者，以团队为基础，使用不同来源的证据，强调最佳实践，激发出元话语，而元话语可能会催生学者与实践者的知识相关性。(p. 1142)

尽管这里可能有一些明智的声明，但作者承认这种方法有一些局限性，包括耗时以及由抵制标杆的人的不合作所带来的困难。

Flicker (2008) 描述了一种她称为社区参与研究（CBPR）的方法，这种方法是健康研究中很普遍的策略：

> 社区参与研究的前提是与作为共同研究者的社区成员一起工作，这样可以更容易获得可解释的与人们的生活息息相关的结果，而且还会对公共政策有更大的影响。社区参与研究的支持者认为，有意义的参与过程可以是变革性的。通过积极参与，个人和社区可能会变得更有权力，并且能够更好地进行可持续性的个人和社会变革。(p. 71)

随后，她描述了一项案例研究——加拿大的一个针对艾滋病病毒感染者的项目。服务提供者和艾滋病病毒抗体呈阳性的青年都对该项目提供了建议，该项目包括对 34 名艾滋病病毒抗体呈阳性的青年的访谈，以及为结果分析和随后的宣传所召开的定期会议。

行动研究和其他参与式研究可能会被认为是案例研究设计。两者通常都是小规模的，并强调某一机构、部门或团体的特定问题。两种研究设计的最终结果是相同的——改变、改进或采取行动，当然，还需要更好地理解所涉及的问题。它们关键的区别（也可以说是重点之一）是：从表面上看行动研究和其他参与式设计由研究者与其研究的核心人员进行合作，而这可能不适用于案例研究设计。

这又引出了另一个问题，如果一个研究项目既符合案例研究的定义又符合行动研究的定义，你会把它称作什么？案例研究、行动研究，还是二者都可？在某种程度上，其中一种设计会被认为比另一种设计更强大或更可取吗？或者像本部分讨论的例子一样，两种设计的名字一个不少或者给组合设计起一个新名它会更可靠吗？这很大程度上可能取决于正在进行的研究的情境和惯例——研究为谁做以及为什么做、研究者的学科背景以及研究者最终的个人偏好。

6.3.2 复杂性科学和网络理论

复杂性科学或理论虽然不是严格意义上的研究设计，但是一种将“组织看作动态的、活动的社会系统”的视角（Anderson et al., 2005, p. 671），而不是一种机械操作。网络理论采用了一种相似的方法来吸收组织的复杂性（Borgatti and Halgin, 2011; Moliterno and Mahony, 2011）。

因此，复杂性科学显然是一种可用于复杂医疗组织研究的视角。Anderson

等人认为：

> 我们可以运用复杂性科学的规划，拓展案例研究的传统思路。这会为医疗保健环境中大量使用案例研究带来新策略……我们将案例研究作为一种独特的方式，它适用于为复杂性理论规划而设计的研究。(2005，p. 672)

为此，他们扩展了案例研究设计，以考虑元素之间的相互依赖关系，增加关系维度的敏感性，强调“非线性”(大事件导致小结果的实例)，仔细寻找并考察意外事件，强调过程和事件，认识到动态性，描述模式和事件，探讨各个水平的模式，理解模式变化，认识到任何给定情境下各个不同的模式都可能会成功，转换前景与背景，重新定义观察者角色，以及学习系统的历史。显然，所有这些都将使案例研究设计的要求变得更加苛刻，尽管人们可能会认为医疗保健或其他复杂组织的“好”案例研究无论如何都会考虑这些要点中的大部分。

Gummesson (2007) 主张案例研究设计与网络理论在研究管理方面相结合，这两种理论都以不同的方式认识到研究的复杂性。他建议进一步提高案例研究的质量和生产力，认识到现象是复杂的、模棱两可的、不可预测的，并将网络理论的运用作为案例研究的补充性和支持性组成部分。

6.3.3　建构主义和批判现实主义

构成主义（或建构主义）和批判现实主义表现为一种相关但可替代的认识论或认识世界的方式 (Crotty，1998；Denzin and Lincoln，2005a；参见第 9 章有关替代方法的讨论)。

Järvensivu 和 Tornroos (2010) 对企业间的关系有特殊的兴趣，他们开发了一种案例研究视角，并将其建立在“温和”的建构主义逻辑之上。他们将这种视角与现实主义、批判现实主义和相对主义的观点进行比较。他们认为：

> 案例研究可以采用本体论、认识论和方法论方面的不同观点，这些观点可以放置在从朴素现实主义到朴素相对主义的连续体上。作为实证主义的一种极端形式的朴素现实主义基于这样一种信念，即存在一种通过客观的经验观察能被理解的现实。朴素相对主义是建构主义的一种极端形式，相比之下，它认为存在多种局部和具体的建构现实，且现实只存在于文本和解释中。(p. 101)

对于 Järvensivu 和 Tornroos 来说，“温和的建构主义认为真理以社区为基础且源于实证数据”(p. 101)，并与批判现实主义密切相关：

> 批判现实主义 (CR) 和温和的建构主义 (MC) ……彼此很接近。它们都认为研究应继续寻找本地化的、有社区边界的以及具有相互作用形式的真理，这些真理是通过不同社区内的对话来创建和验证的。尽管它们基本上有相同的本体论和认识论基础，但温和的建构主义更关心多个社区形成知识库

> 的可能性，批判现实主义则强调要逼近一个普遍真理。(pp. 101 - 102)

在讨论如何处理面试过程时，他们更清楚地表达了批判现实主义和温和的建构主义的差异：

> 在批判现实主义思维模式中，面试是一项搜寻与发现任务，它将信息提供者头脑中保留的有效和可靠的信息流动最大化，最大限度地减少信息提供者的失真信息，并控制面试过程以消除可能的偏差、错误和误解来源。在温和的建构主义研究中，主动性面试把面试作为一种社会交往，由面试者和被面试者共同建构知识。(p. 102)

Järvensivu 和 Tornroos 呈现了一个商业网络案例研究，以此表明温和的建构主义案例研究如何解决效度和可转移性问题。

Easton (2010) 在同一期刊上发表的一篇相关文章重点关注了批判现实主义。他从“案例研究可能是产业市场研究者使用的最流行的研究方法”(p. 118) 这一观点出发，认为“批判现实主义案例视角特别适合界限相对清晰但复杂的现象，如组织、组织间关系或相连组织网络”(p. 123)。他解释说：

> 批判现实主义者提出一种本体论，假设存在一种独立于观察者之外的“现实”……批判现实主义者接受现实是社会建构的……世界并非完全是社会建构的。“真实的”世界会打破（有时会破坏）我们为理解和解释我们的研究情境而创造的故事。(p. 120)

批判现实主义视角的案例研究：

> 提出一个能确定人们感兴趣的现象的研究问题，从可识别事件的角度出发，询问事件发生的原因。随后，临时确定关键实体，包括实体的权力、责任、必要性和权变关系。然后，研究通过获取正在进行或已经发生的事件的相关数据，调查事件为什么已经发生或正在发生，并考虑与解释实体及其行为的实证数据相关的问题。研究过程是研究和反思的循环中的一个阶。最终的结果是确定事件的一个或多个引发机制。(p. 128)

研究过程的迭代性质与行动研究设计的相似，但批判现实主义方法显然更强调寻找解释。对于基于组织的案例研究来说，这似乎是一种很明智的策略。

6.3.4　内容分析

内容分析是一套“严格且系统的分析程序，用以对所写数据的内容进行严谨分析、考察和验证”(Cohen, Manion and Morrison, 2011, p. 563)。尽管它最初被认为是对定性数据进行定量分析的一种手段，但现在有了质的改变 (Krippendorff, 2012; Schreier, 2012)。

Jauch, Osborn 和 Martin (1980) 建议使用内容分析来检查组织研究中现有的案例研究记录：

> 案例的结构化内容分析采用内容分析表，并从已发表案例材料中获取相关信息。从案例中提取的信息被编码在内容分析表中，就像被调查者填写问卷一样。只有研究者寻找的特定信息才会被编码。可利用案例的多个读数和多案例编码器来开发一个广泛的样本，借此局部地检查信度和效度。由于该技术依赖内容分析和内容分析表，因此需要对它们进行详细的检查。(p. 517)

这种组合研究设计显然依赖于研究者感兴趣的领域中合适的案例研究记录的存在和可用性，它提供了一种类似于现在更常用的元分析的方法（在第7章进行更详细的讨论）。

Kohlbacher（2006）在组织研究的情境下，对案例研究和定性内容分析进行了概述。他认为，后者为分析前者生成的文本提供了一种有用的方法，“定性内容分析完全符合案例研究的信条：帮助人们理解复杂的社会现象”(p. 25)。

6.3.5 民族志

民族志是一种长期存在的研究设计，它植根于人类学和社会学（Brewer，2000；Bryman，2001）。在民族志的经典形式中，它与田野调查大发展时期密切相关，在这期间，研究者沉浸其中，试图更好地了解他们正在研究的社会、群体或社会的某一方面。它也像许多经典研究设计一样（如案例研究），鼓励更广泛和更宽松的解释。

Visconti（2010）在商业营销研究背景下提出一个民族志案例研究模型。他将民族志案例研究（ECS）定义为：

> 将民族志的本体论、认识论和方法论特征应用于理论选择的一组商业案例。更准确地说，民族志案例研究框架之所以属于案例研究是因为它采用了选择性的实证案例（即理论选择，而非随机统计抽样），它随后又因采用了后期获取、解释和报告现场材料的方式而归属于民族志研究（即解释性民族志）。这样，当民族志案例研究方法强调一个或多个选定的商业背景时，这种方法保留了民族志的所有真实性，包括研究者的沉浸、强力参与的观察活动以及组织社会环境的建构主义报告所产生的对数据的协商性、共享性解释（“衍生的客位”原则）。(p. 29)

这表明案例研究和民族志设计的关系是非常紧密的，它们几乎自然地联系在一起，Visconti也认为民族志研究潜在地整合了行动研究和参与式研究的元素（参见前面的小节）。至少Visconti在其观点中具体说明了一种解释主义而不是后实证主义的认识论立场。

Baines和Cunningham（2013）（这篇文章会在第7章更详细地讨论）采取了类似的立场。他们描述了“快速民族志”的使用，在多个国家研究选定的案例时，他们通过小型研究团队使用多种数据收集方法。

Hopwood（2004）考察了多元方法案例研究的发展和应用，该研究探讨了学生的地理概念，并结合了民族志、扎根理论（见后面的小节）和现象学（研究设计重点在于研究一个特定的现象）。“虽然这个框架可能被称为是‘现象学的’，但数据收集技术可能被同样视为是‘民族志的’，分析过程是借用‘扎根理论’而设计的”（p. 348）。数据收集通过传统的调查问卷和半结构化访谈形式进行，辅以学生对地理概念的宣传。该研究并不像 Visconti 那样提出一个模型，而是在案例研究中将民族志和其他设计作为一种实用的数据收集和分析技术，但整个案例研究不由民族志和其他设计来驱动。

Alvesson（2003）支持将自我民族志（字面意思是某人自己的民族志，有时称为自动民族志，参见 McKenna，2015）作为研究个体所熟悉的组织（即该个体工作的组织）的一种方法，在他的例子中，该组织是一个高等教育机构。他将这种方法作为解决与基本访谈的研究和大规模民族志相关的问题的替代方案，“目的是……引导人们关注自己的文化背景、自己身边发生的事情，而不是将自己和自己的经历放在中心”（p. 175）。

显然，自我民族志为研究者提供了相当大的优势，即研究者已经在研究现场，并且可能对此有很多了解。但是，这确实会带来一个不利因素，即他们可能认为自己已经知道“答案”。有趣的是，Alvesson 并没有把他的设计看作案例研究，而是看作特写研究。尽管他声称自己不是研究方法的爱好者，但他还是提出了一些开展自我民族志的指导原则：

> 1. 例行性地仔细观察日常生活中出现的各种有趣的选择，以便进行详细描述。
> 2. 当一些事情发生时，记录它。
> 3. 认可数据是解释性的。
> 4. 从（自我）讽刺角度重新思考并重写解释。
> 5. 处理伦理和政治问题：从受害者那里获得输入信息，以平衡人们的想法和同僚的偏见。
> 6. 针对实证材料提出一些初步结论。
> 7. 进行反思：获得一些新的输入信息后，重复部分过程（3～6）。（pp. 190 - 191）

这里有一个关于自我民族志与反思或其他方法如何不同的问题，即个人日常经验如何被用作研究数据。虽然 Alvesson 提出了一种活动结构，但它在本质上相当宽泛。

6.3.6　评估

评估和案例研究也可以看作紧密相关的研究设计（Russell，Greenhalgh

and Kushner, 2015)。在对高等教育领域的研究分析中，我认为小规模评估案例研究是两项重要的研究设计之一（另一项是批判政策评估，参见 Tight, 2012)。一般来说，Yin 作为近年来案例研究最高产的学者之一，经常撰写案例研究评估（例如，Yin, 1992, 1997, 2013)。

因此，1992 年，Yin 开始将评估定义为“一种特定类型的研究，该研究的目的是评估和解释‘示范’结果”（p. 121), Yin 还将后者与当代美国政府资助的项目联系起来（Wilson, 1979，在相同情境下采用类似的方法)。然后，他继续论证开展案例研究评估的有用性：

> 直接整合情境考察的能力满足了人们对干预和实施过程的评估和监督进行评价的需要。另外，案例研究不限于定性或定量的数据，它还可包含两种类型的证据。而且……案例研究方法可以直接通过评价结果和测试假设来满足人们的评估需求。(Yin, 1992, p. 124)

他将这一观点与使用其他三种设计（民族志、扎根理论和准实验研究）的评估进行了对比，并在此基础上提出了进行案例研究评估的步骤：

> 1. 针对正在评估的方案形成假设性的理解。
> 2. 尽可能地将这种理解纳入以前的研究。
> 3. 初步确定分析的主要单位和次要单位。
> 4. 制定中期报告和最终报告的计划表和程序。
> 5. 定义和测试工具、协议和现场程序。
> 6. 收集、分析和合成数据。
> 7. 创建一个案例研究数据库。
> 8. 分析证据。
> 9. 撰写案例研究报告。(pp. 134 - 136)

当然，就像 Alvesson 在前一节讨论的自我民族志的指导原则一样，这是对大多数案例研究结构有用的指南。

Yin (2013) 的后期论文集讨论了影响案例研究评估的效度和概化能力问题。为了增强效度，他回顾了涉及多种竞争假设、三角测量和逻辑模型的策略，同时探讨了归纳、分析和概念化方式。

Ellis (2003) 在护理方面着眼于使用启发式案例研究设计来评估继续职业教育。她得出结论：

> 随机对照试验可能是科学研究的黄金标准，但从这个启发式案例研究中可以清楚地看出一系列无关变量影响持续专业发展（CPD）的结果……认识到影响持续专业发展的变量对于继续教育的评估以及影响持续专业发展的一系列因素是重要的，而且实践环境也起着非常重要的作用。(p. 58)

出于评估目的，案例研究方法可以越来越深入，并找出可能被忽略的重要因素。

Koenig（2009）从批判现实主义的传统（参见“建构主义和批判现实主义”一节）出发，提出要“探索评估背景下案例研究验证和生成理论的潜力”(p. 10)。他明确指出了涉及的问题和矛盾：

> 评估工作必须协调相互矛盾的要求。一方面，为实践者的问题提供快速的回应是重要的，另一方面，所采用的程序尽可能保证生成知识的效度是必要的。社会情境的复杂性、适应变化的环境的方式以及后者的多样性，使得任何比较都很困难，并威胁到一个以严谨方式努力生成有用知识的项目。(p. 26)

但是，在某些情况下，他认为这些困难是可以克服的，并且可以产生有用的案例研究评估。

6.3.7 实验

当然，实验是一种经典的科学方法。为理解不同因素或变量之间的关系，实验在控制环境（理想情况下是实验室）中引入一些变化，并仔细测量这些变化的影响。从案例研究设计角度来看，似乎还有很长的路要走，尽管如此，一些研究者还是试图将这两种设计联系起来，而且不仅是在应用科学中更加明显的学科。

因此，Lee（1989a）在组织研究情境中，以超越客观主义/主观主义二分法为目的，提出将案例研究作为自然实验的一种形式，“案例研究者自然地观察主题中出现的控制和治疗方法，而不是在主题中引入控制和治疗方法”(p. 132)。换句话说，如果研究者开发了特定的理论或假设，他们就会在进行案例研究的组织中寻找例子。当然，在这些组织中有正在发挥作用的变量，研究者会观察这些变量并考察它们的预测作用是否被证实。显然，这可能是一种非常耗时的数据收集形式，而且它还依赖于组织内部成员不受观察员在场的过度影响。

Lundervold和Belwood（2000）在咨询教育的情境中，认为“单个案例(N=1）设计提供了一种科学可靠的方法来客观地评估实践以及在实践背景中进行临床相关的研究”(p. 92)。从他们的视角来看，单个案例研究具有一些优点，即在实践背景中具有“理论自由”、灵活、有证据和可用的优点，而且不需要大量的统计或技巧，与鼓励实践者研究和逐步积累案例证据之间的关系也很明确。

实验或准实验形式的单个案例设计在健康学科中得到了广泛的应用（参见第5章的讨论）。例如，在精神病学、精神分析学和心理治疗方面，有大量的研究使用这种组合研究设计（例如，Dugard, File and Todman, 2012; Elliott, 2002; Hilliard, 1993; Jones et al., 1993; Leitenberg, 1973)。

6.3.8　扎根理论

像行动研究、民族志和其他以定性为主的研究一样，扎根理论似乎与案例研究设计是“天作之合”。扎根理论本质上是一种研究设计，研究者收集感兴趣的主题的一些相关数据，对其进行审查，并提出一些假设或理论，然后进一步收集数据以验证或解释它们。随着项目的扩展，数据收集和解释的周期性过程可能会多次发生，一直到研究者觉得他们可以为感兴趣的主题提供一种解释为止。

当然，与所有研究设计一样，对于扎根理论是什么以及应该如何实践，有很多版本（Glaser and Strauss，1967；Strauss and Corbin，1990），而当下的版本（例如，Charmaz，2006）似乎更能满足密集、小规模研究的要求。扎根理论还遭到很多批评，其中一种令人信服的批评观点认为，扎根理论既没有扎根也没有理论（Thomas and James，2006）。

但是，作为一项研究设计，扎根理论仍然可以提供很多有价值的东西，尤其是在当前情境中与案例研究相结合时。例如，Taber（2000）在科学教育情境中，将扎根理论作为案例研究和大规模调查之间的桥梁。他总结出以下流程：

> 有限数量的共同学习者可作为案例研究的准备来源。研究者对案例共性的理论敏感性可作为大学生理解化学一般模型的起点，根据从其他学生那里收集的额外数据，该模型可以被修改。该研究使用各种方法来收集数据，包括访谈、记录学生对话、构建条目测试、制作概念地图、建立课程样本和测试脚本……在这种性质的研究中，可无限地持续收集数据以进一步改进模型。额外的数据总有可能提供新的见解，理论饱和原则可作为一个指导原则。(p. 482)

“饱和度”概念在定性研究中应用广泛，并作为判定何时停止收集或分析数据的经验法则。它表明，当额外的数据或额外的分析不再为问题增加新的主题或解释时，或不能进一步提出相关问题时，就是结束项目的时候。当然，在实践中，当新主题或问题可能被遗漏时，研究者对饱和度的感知可能与其疲劳有关。

Taber 总结道：

> 综上所述，扎根理论原则为研究者提供了一个合理的方法论策略，他们希望从解释性范式中构建可实际应用的一般模型。通过这个过程，案例研究可转向提供可检验预测的一般模型。因此，扎根理论允许研究者在单个案例（细节丰富，但只能提供针对其他案例的“洞察”或“共鸣”）的真实解释之间搭建桥梁，并为课程规划者和课堂教师提供有意义的建议。(p. 483)

在另一个例子中，Andrade（2009）结合案例研究和扎根理论，研究了秘鲁农村社区的传统社交网络和新式虚拟网络。他认为，“案例研究设计与扎根理论相辅相成，解释性研究者可通过使用组合设计来进行理论建构”（p. 54）。在 Andrade 的观点中，案例研究对理论建构的作用有限。扎根理论采用的系统性过程在解释性框架而不是实证主义框架内起作用，这使得理论建构能够开展。

Taber 和 Andrade 都采用了案例研究和扎根理论的混合设计，这使他们的研究超越了案例研究的局限性，从而使前者得以推广，后者的理论建构得以实现。但是，其他案例研究者认为，采用其他不同的策略（仅使用案例研究设计）也可以达到这些目的（参见第 3 章关于概化能力以及第 8 章关于案例研究和理论的讨论）。

6.3.9 调查

像实验一样，调查是定量研究和实证主义研究的主要方法之一。尽管如此，还是完全有可能发展和管理本质上部分定性或整体定性的调查。但是，调查可能与案例研究设计相去甚远，因为案例研究设计在研究术语方面可以冒险。到目前为止，有许多研究者试图将二者拉近，从而利用它们的优势。

约 40 年前，McClintock，Brannon 和 Maynard-Moody（1979，p. 612）在论述的一开始就提出：

> 案例研究和抽样调查策略在组织分析中的差异反映了定性方法和定量方法在社会科学领域的重大区别。这两种方法虽然逻辑上存在潜在的相似性，例如，都认识到需要控制针对内部效度的威胁。二者的差异经常被强调。定性方法被描述为“厚重的”、“深入的”和“整体的”。相比之下，定量方法可以定性为“薄弱的”和“狭窄的”，但可以概化。这些区别通常会延伸到基本的认识论差异，并导致对另一种方法的数据效度的否定……如果你更偏向于使用真实、深入和大量的数据……一种方法是创建包含定性策略和定量策略的研究设计。

然后，他们提出了自己的设计，他们称其为一种方法（或者我们可以称之为混合方法），即案例聚类方法：

> 该方法主要包括三个特征：(1) 案例研究中的分析单元的定义、列举和抽样在理论上有意义，并且代表了信息提供者的现象学观点；(2) 基于理论依据和案例特征对数据来源进行分层抽样，同时对分析单元进行分层抽样；(3) 选择性地创建由与每个分析单元有关的变量的标准化代码组成的定量数据集。定性分析既可以用于整个案例，也可以用于分析单元的某个层面，实际上，对每个分析单元使用不同的数据来源可以加强定性分析。通过强调针对同一现象的不同观点，研究者可定性地描绘出以不同角

> 度出现的不同图像。由于单个案例被视为一组异构的分析单元，因此需使用案例聚类的术语为该方法命名。(p. 613)

他们提供了三个例子来说明设计如何在实践中发挥作用，以及设计与案例研究和样本调查的区别。

Woodside（2010）在一项研究中提出了一项研究设计，该设计可以通过结合案例研究和调查研究设计的元素，达到普遍性、准确性和复杂性三个目标。回顾了对案例研究和调查的标准批评后，他反对继续使用特定研究设计，仅仅是因为它们是人们熟知的和可信的。最后，他提出了九项建议：

> 1. 使用理论抽样。
> 2. 收集每个主题的多个数据实例。
> 3. 创建自由度测试，将单个案例数据概化为理论。
> 4. 在观察期间和观察结束后重新访谈同一名信息提供者。
> 5. 对不同的信息提供者进行多次单独访谈。
> 6. 使用超出面试和观察的多种方法进行三角测量。
> 7. 进行系统思考。
> 8. 建立和验证思维和决策的模拟模型。
> 9. 建立和验证系统动力学模型。(p. 73)

他总结道，“计划要使用的研究设计（设计应包括采取适中到大量的步骤），以使达到准确性、普遍性和复杂性目标是可行的和适当的”(p. 74)。

6.3.10　系统设计

系统理论家把组织看作系统，该系统是复杂的、区域化的、内外相互联系的、适应性的，它不只是部分的总和，还处于它所在环境中。这种系统经常被概略地描述为一组节点和链接，它具有不同功能、利益相关者和界定清晰的报告责任。这种分析方法显然适合现代的大型组织，无论是私人部门还是公共部门。

Anaf，Drummond 和 Sheppard（2007）在健康背景下进行研究，认为：

> 案例研究和系统理论的组合使用在文献中并不常见。这两种方法的使用可使案例的细节涉及更广泛的系统和外部环境的影响，提供深入的探索，以及在系统背景中进行比较分析。(p. 1309)

那么，如何组合这两种设计呢？他们主张：

> 一个人必须务实地考虑如何将系统理论与定性案例研究相结合，同时维持使每种方法有用和有力的特征。毕竟，这两种方法单独来看都是稳健可靠的，而且这方面不能削弱。将案例研究与系统理论相结合的一种有效方法是将系统框架作为一种主导方法，而案例研究可用作研究策略的一种

选择。(p. 1311)

他们提供了一个在一家澳大利亚医院对急诊科物理治疗的实施进行的研究作为例子，并得出结论，“这两种方法的使用可以使病例的细节成为整个系统的一部分，这涉及更广泛的系统如何影响病例，以及该系统在病例中的重要程度。案例研究使比较和实现复杂性成为可能”(p. 1314)。显然，这种组合研究设计特别关注被研究案例的局限性问题及其在环境中的位置（参见第 8 章关于情境案例研究的讨论）。

Carden (2009) 描述了采用多种案例研究的系统方法。他关注的是发展项目如何影响公共政策，并在一系列国家中完成了 23 个评估性案例研究。虽然系统方法在他的叙述中没有被明确表述，但他为完成研究进行的详细有序的过程描述是清晰的。

6.3.11 时间序列设计

时间序列设计提供了另一种扩展单案例研究或多案例研究的方法。例如，在医疗背景中，时间序列设计能够评估干预措施的功效，并对因果关系做出判断，“n=1 案例研究方法能够为评估新型治疗干预的有效性提供一种便于实施的方法”(McLeod, 2010, p. 134)。因此，在早期研究中，Gottman (1973) 考察了心理治疗研究的策略。他的结论是：

> 心理治疗的单个主题研究在结果研究、过程研究、测量等方面具有优势，并将心理治疗实践与心理治疗研究联系起来。时间序列分析允许人们随时间的推移对单个主题进行研究，以及对干预的效果模式进行研究。它允许治疗师将信息作为决策反馈意见，这是心理治疗评估的一个有用工具。(pp. 104 - 105)

Haydu (1998) 是一位社会学家，他采用了一种截然不同的方法，并对使用某个历史时期的信息阐释另一历史时期的信息感兴趣。他认为这个过程类似于针对不同国家或系统的比较研究，他认为：

> 我们可以通过重新思考不同时期的事件之间的联系来弥补传统比较方法的缺陷。这种启发式手段可以通过识别和利用跨时期的连续性来克服解释性比较的局限性，并通过解释历史事件来避免基于变量比较的某些缺陷。(p. 341)

然后，他将每个时间段看作一个案例，并把重点放在所观察事件的序列上：

> 将事件序列置于分析中心的方法（包含叙事依赖性和路径依赖性）在历史上不敏感的因果概括和具体的历史主义之间取得了更好的平衡……序列问题解决方面的跨时期连接事件有三个可以区别于叙事依赖性和路径依

> 赖性的额外优点：第一，它提供的解释比随时间的推移而产生的关于因果影响机制的叙事性描述更好理解。第二，它能捕捉到每一个转折点过去的创造性和制约作用，而路径依赖模型不能……第三，它能通过使社会行动者成为连接关于问题解决"案例"的历史枢纽来部分实现这些方法论目标。重新建构问题解决者的理解和选择（他们如何利用过去）使我们能够解释跨越多个时期的轨迹。(p. 367)

在这个例子中，一个关于问题解决的实例被看作一个案例，且该案例可以与不同时间段中被识别的其他案例进行比较，以解决相同或类似的问题。对于研究者来说，有效地界定每一个案例无疑是一个问题，因为大多数社会问题或政治问题难以得到解决。尽管人们不断尝试解决这些问题，但它们往往会长时间存在。

6.4 一般结论和指导

从本章讨论的例子中可以看出，基本的案例研究设计已经成功地与许多其他研究设计结合在一起。这么做的理由有很多，但本质上、总体上是积极的或创新的（见专栏 6-1）。案例研究设计的结合使用证实了基本的案例研究设计既有力，适应性又强，并强烈表明了作为整体研究设计的一部分，它有一个漫长且可行的发展道路（参见第 10 章）。

在本章的开头，有人提出这样的组合研究设计可能不适合研究新手，这主要是由于它们的相对复杂性。作为一个新手，使用一个更简单的研究设计通常是比较安全的选择，比如选择一个案例研究或者一个民族志，而不是两者的结合。然而，对于那些有更多经验或寻求挑战的人来说，他们最好研究一些采用了组合研究设计的例子，并从中获得指导。

6.5 小　结

在本章中，我们：

- 讨论了案例研究与其他研究设计相结合的可能原因。
- 探索了各种各样的组合研究设计，展现了案例研究已在不同的学科和领域中使用。
- 为组合研究设计的使用提供了一些指导。

6.6 重要文献

Bryman, A (2004) *Social Research Methods* (2nd edition). Oxford, Oxford University Press.

Byrne, D, and Ragin, C (eds) (2009) *The Sage Handbook of Case-based Methods*. London, Sage.

David, M (ed.) (2006) *Case Study Research* (4 volumes). London, Sage.

Denzin, N, and Lincoln, Y (eds) (2005) *The Sage Handbook of Qualitative Research* (3rd edition). Thousand Oaks, CA, Sage.

Mills, A, Durepos, G, and Wiebe, E (eds) (2010) *Encyclopedia of Case Study Research* (2 volumes). Los Angeles, CA, Sage.

Tight, M (ed.) (2015) *Case Studies* (4 volumes). London, Sage.

第 7 章 向现有的案例研究学习

Learning from Case Study

7.1 引 言

本章主要介绍如何从现有案例中学习。你可能已经在浏览或阅读的过程中发现本书采用了大量的案例，无论你的研究方向或兴趣是什么，这些案例都有值得你学习的地方，并且会对你的案例分析有很大的帮助。

本章从对案例撰写的概述开始，介绍案例的广泛性和多样性。

其他学者已对特定主题、特定主学科或子学科的案例研究进行了分析讨论。此类研究大多是元分析或系统回顾，本章的第二部分会对这方面进行介绍。

本章还介绍了如何搜索和处理与你的兴趣相关的公开案例。

本章列举的不同学科的案例研究展示了案例研究的更多可能性，其中还包括一些有争议的例子，一些例子可能会（也可能不会）被当作案例，对于这样的例子我们也进行了讨论。

7.2 案例研究写作

表 7 - 1 列举了已发表文献中的案例研究的数量统计情况。该表的数据来源于两大知名搜索引擎——谷歌学术（Google Scholar）和 Scopus（也可以使用其他搜索引擎），数据截止到 2016 年 3 月 2 日。应该指出，任何一个搜索引擎的搜索结果都不可能是完全正确或完整的。在谷歌学术中，可能会出现日期错误，尤其是早期的案例，并且当大量的文献被记录时，谷歌算法只能对总量做出粗略的估计。Scopus 的搜索结果不包含谷歌学术，尤其是近期。因此，从表中可以看出，在近年的记录中，Scopus 的搜索结果不到谷歌学术的一半，而在 1990 年以前，Scopus 的搜索结果比谷歌学术多。

表 7 - 1 谷歌学术和 Scopus 搜索结果标题中含有“案例研究”的已发表文章

年份	谷歌学术	Scopus
2016	2 150	1 249
2015	38 200	15 733
2014	44 000	17 543
2013	44 400	16 712

续前表

年份	谷歌学术	Scopus
2012	44 000	15 202
2011	37 900	14 050
2010	30 400	12 539
2009	22 600	11 458
2008	19 200	9 661
2007	14 500	8 869
2006	13 400	7 901
2005	11 800	7 295
2004	9 120	5 737
2003	8 390	5 011
2002	6 820	4 625
2001	6 360	4 165
2000	5 980	4 052
1999	5 160	3 769
1998	4 810	3 723
1997	4 140	3 674
1996	3 840	3 407
1995	3 350	2 957
1994	3 090	2 853
1993	2 670	2 736
1992	2 530	2 484
1991	2 350	2 537
1990	2 330	2 493
1990 之前	17 900	42 212
总计	411 390	234 647

* 数据截止到 2016 年 3 月 2 日；文章包括其他形式的出版物，如图书、会议记录和在线出版物，但是引用和专利被排除在外。

不管怎样，该表为我们展示了案例研究的总量及发展趋势。它记录了每个数据库中标题包含“案例研究”字样的文章总数，这些数字为过去 20 多年案例研究的变化趋势提供了一个有效的展示。毕竟，如果案例研究是一篇文章的核心，那它就应该在文章的标题中得到明显体现。当然，其他很多文章虽然标题中没有包含“案例研究”，但可能提到了“案例”，这些文章对案例的讨论或应用就存在局限性。当然，也有一小部分标题中包含“案例研究”的文章在分析中被忽略。

表 7－1 显示标题中包含“案例研究”的已发表文章数量呈逐年持续增长

的趋势（尽管偶尔有波动）。从谷歌学术的搜索结果来看，1990 年只发表了 2 330篇文章，到 2000 年，这一数字翻倍，达到 5 980 篇，而在 2010 年，发表的文章数是 2000 年的约 5 倍达到 30 400 篇，2013 年达到 44 400 篇。另外，根据 Scopus 的统计结果，1990 年标题中包含“案例研究”的已发表文章有 2 493 篇，2000 年上升到了 4 052 篇，2010 年达到 12 539 篇，2014 年则达到 17 543 篇。

这种增长趋势符合当代热议话题的特征，毫无疑问，案例研究的热度逐渐上升。随着各种学术团体和出版商规模的扩大，它们对案例研究的兴趣逐渐增大，案例研究著作如雨后春笋般涌现。

然而，对于案例研究而言，这些数字必须根据它们实际代表的内容仔细加以解释。通过分析谷歌学术和 Scopus 检索出的长长的文章列表，我们可以很明显地发现，标题中提到“案例研究”这个词的文章大多数是简洁明了的案例研究报告，只有极少数的文章将案例研究作为研究设计进行讨论（如果有相关讨论，也只是在文章中顺便提到）。

例如，在 2012 年谷歌学术记录的 44 000 篇文章中，大约有 12 000 篇文章的标题含有“案例研究”，超过 1/4 的文章包括类似“关于……的案例研究”的字样，此类字样通常出现在副标题中。也有其他很多文章的标题或副标题中包含了“案例研究”，并在标题或副标题中表明该案例关注哪些方面。

因此，案例研究著作大部分由案例研究报告组成。尽管也有文章将案例研究作为一种研究设计讨论了其优缺点、用法和变体（本书就提到了很多），但这只占整体的一小部分。

如果你是一个对某个特定主题的案例研究很感兴趣的研究者，那么你也会对前面所讲到的聚焦在你感兴趣的主题上的案例研究文献和讨论使用案例研究作为研究设计的文章这两种文献感兴趣。考虑到可利用的文献的规模，如何挑选出自己感兴趣的部分确实是一个挑战。本书和它所提到的其他图书和文章为人们怎样阅读相关案例的研究设计提供了一个有用的指南。对于采用什么样的方法来识别已经发表的案例研究，我们将在后面的“如何找到相关的案例研究”部分讨论。

7.3　现有文章的元分析和系统回顾

本书在其他地方已经明确指出，对案例研究的主要批评聚焦于案例研究结果的概化困难。解决这一问题的可能方法是进行多个案例研究或者将所有探讨同一个问题或主题的案例研究的结果汇总到一起。其中，被 Jensen 和 Rodgers（2001）称为“积累案例研究中的知识宝藏”的元分析或系统回顾通常会得到更加广泛的使用。

Lipsey 和 Wilson（2001）将元分析定义为：

> 元分析可以被理解为一种调查研究的形式，这种调查研究的对象是报告而不是人。调查研究需要开发编码形式（调查协议），收集研究报告的

> 样本或群体，并且每一个研究都要被编码者阅读，他们仔细阅读研究并对有关研究特质和定量结果的相关信息进行编码。然后，需要利用传统统计技术的特殊适应性对所得到的数据进行分析，以调查和描述选定研究分析结果的模式……元分析表示每项研究结果的效果。(pp. 1 - 3)

也就是说，元分析是对已有研究报告的定量分析，这种分析可能包含定性分析或定量分析，或者二者皆有。如果既有定性分析又有定量分析，这种元分析将以定量的形式进行编码和分析。

Littell，Corcoran 和 Pillai (2008) 将元分析与系统回顾做了区分：

> 系统回顾的目的是通过在过程中的每一步骤采用清晰可见和可复制的方法，系统地定位并综合关于某一特定问题的研究……元分析则使用一系列统计学方法，结合定量的结果，从大量的研究中获得关于一个特定主题的总体概况。(pp. 1 - 2)

因此，元分析本质上是定量研究，而系统回顾更加倾向于定性研究。

第 5 章讨论案例研究设计在不同学科和学科领域的应用时，提到了一些元分析和系统回顾。专栏 7 - 1 做了总结，其中还包括一些之前没有提到的例子。当然，这些例子还远远不够。

专栏 7 - 1

案例研究的元分析及系统回顾例子

在第 5 章中出现及得到讨论

Piekkari，Welch 和 Paavilainen (2009) 讨论了国际商业方面的案例研究的使用，他们分析了 1995—2005 年发表在四大核心期刊上的 135 篇文章（占总数的 10.5%）及 1975—1994 年的 22 篇文章（占总数的 4.7%）。他们发现，基于实证假设并在单一时间点进行的基于访谈的多个案例研究 (p. 577) 占主导地位。

Beverland 和 Lindgren (2010) 基于定性案例研究对 1971—2006 年发表在《行业营销管理》杂志上的 105 篇文章做了综述，指出在定性案例研究中，作者解决案例研究质量问题的水平有了稳步的提高 (p. 61)。

McCutcheon 和 Meredith (1993) 对 1981—1991 年发表在五种运营管理杂志上的 48 篇"真正的"案例研究进行了简要分析。研究发现，案例研究最常见的类型是探索型或理论构建型，它们仅使用案例研究方法。解释型和理论验证型案例研究是最不常见的，也许是因为可验证理论的相对稀缺 (p. 249)。

Corcoran，Walker 和 Wals (2004) 考虑用案例研究方法研究高等教育的可持续性，回顾了 54 篇期刊文章，并得出了非常重要的结论。

Anthony 和 Jack (2009) 通过对 42 篇护理方面案例研究论文的分析指出，定性案例研究作为一种被广泛接受的解决人类护理及与世界范围内其他学科相关的其他复杂问题的方法，已经在护理研究辞典中获得稳固的地位 (p. 1177)。

Dube 和 Pare（2003）分析了 1990—1999 年发表在七大主要信息系统杂志上的 183 篇文章，这些文章主要关注设计问题、数据收集及数据分析。他们发现，很大一部分人实际上忽略了对案例研究艺术的讨论，而且这些研究方法对他们来说很容易获得（p. 599）。

Doolin（1996）对 1989—1993 年发表在四份期刊上的采用案例研究设计的 50 篇文章进行了综述，比较了实证主义方法和新兴案例研究的诠释方法。研究指出，实证主义方法倾向于将案例研究当作推导假设的探索性工具，而诠释方法给予了案例研究更核心的地位，并通过案例研究来获得对一种现象或人们行为意义的更深理解（p. 28）。

其他例子

Solomon 等人（2012）通过对 1993—2008 年这 16 年间发表的 20 篇关注全校积极支持行为的案例研究文章的分析，发现这些策略在减少学生问题行为方面有一定效果（p. 116）。

Greenwald，Hedges 和 Laine（1994）重新分析了 Hanushek（1981，1989，1991）研究的 38 个关于学校财务情况的案例。他们使用了更先进的方法来证明“由 Hanushek 进行的关于资源投入与学生成果之间关系的生产函数研究不支持他的结论，即资源投入与结果无关”（p. 19）。因此，他们的研究不仅仅是对案例研究的元分析，而且是对已有元分析的再次分析。

Oberlack（2010）通过对 17 篇关于机构对气候变化的适应性的案例研究的元分析发现，也许不足为奇的是，机构似乎是社会成员的重要工具，通过协调个人行动和集体行动，社会成员实现资源的产生和使用，塑造个人和社会学习的能力，从而提高社会成员的适应能力（p. 15）。

Stall-Meadows（1998）依据扎根理论采用定性的元分析方法，重点分析了关注远程教育方法的案例研究。然而，出于种种原因，这篇论文的分析仅限于四篇文章，所以这项研究更像是一种可能性的展示而不是一件成品。

专栏 7-1 展示了一系列有趣的研究。首先，这些文章对案例研究进行了许多元分析和系统回顾。其次，这些文章要么集中于一种或几种杂志，要么集中于某个学科领域或某个特定主题，这都有助于研究更加集中和可行。最后，这些文章相当重要，它们希望找出最好的方法，就像“积累案例研究的智力黄金”一样。

显然，如果你能够进行元分析或系统回顾，甚至是相对广泛的、有组织的文献综述，且这个文献综述最近被应用到与你计划做或正在做的主题一致的案例研究中，那么这对你来说可能相当有用，你也可能相当感兴趣。除了为你自己的研究实践提供有用的指导之外，你还可以更易于进行某类研究（包括元分析和案例研究），以便与你自己的案例研究进行比较。

但是，如何获得这些已经发表的研究呢？下一部分我们将讨论这一问题。

7.4 如何找到相关的案例研究

专栏 7－2 总结了你在搜索案例研究时可能会用到的方法。本节将会对这些方法进行详细的讨论，当然这些方法已在本章或本书的其他地方有所介绍。

专栏 7－2

如何找到相关的案例研究

- 使用搜索引擎，如谷歌学术和 Scopus。
- 使用现有的元分析、系统回顾和文献综述（包括本书）。
- 使用文章、书籍或报告。
- 使用硕博士学位论文。

7.4.1 使用搜索引擎

随着互联网的发展，搜索引擎提供了寻找细节的大部分方法（也可能是最明显的方法），包括相关的案例研究。本书主要采用谷歌学术和 Scopus，但是还有许多其他可用的搜索引擎，这些搜索引擎既有学术性的（例如 PsycINFO 和 PubMed），也有综合性的。搜索引擎的工作原理是让你输入一个或多个关键词，如果你愿意的话，可以输入更多的细节，比如日期、期刊和作者姓名，然后让你在数据库中搜索标题、摘要、文章、图书、报告等的匹配项。

搜索引擎的缺点涉及它们的效率和数据库的大小。正如本章提到的，当你在搜索引擎中输入“案例研究”作为关键词时，会出现上千个结果，而且其中绝大部分对你来说是不相关的。因此，你必须开发出使用你所选择的搜索引擎的方法，并更明智地使用你选择的搜索引擎。这可能涉及以下方法：

● 用“案例研究”及其他关键词同时搜索。举个例子，如果你的兴趣是有关基于问题的学习的案例研究，你可以输入“案例研究”和“基于问题的学习”作为关键词。或者，如果你的研究有关公司合并，你可以输入“公司合并”和“案例研究”。有时，你需要尝试一系列的关键词来找到你想要的内容。

● 限制日期。举个例子，你可能只对最近的研究感兴趣，你就可以将搜索范围限制在 2000 年以后；或者你可能对一个特殊的历史时期感兴趣，比如对发表在 1970—1980 年关于某一特定主题的案例研究感兴趣。

● 你也可能希望将研究限制在某一个国家或世界上的某个地方，但是想要利用搜索引擎来实现这一点并不容易（虽然限定语言是一种办法），因此，你可能需要在搜索完成之后手动进行此操作。

● 将搜索范围限制在标题中包含所选关键词的项目中。这样可能会产生一个更有针对性的结果列表，能筛去许多只对在文档某个地方显示你感兴趣的主题进行引用的项目。

● 一些搜索引擎的搜索结果包含文章被其他作者引用的次数。这可让你专注被引用次数最多的文章，这些文章可能包括那些最有影响力的文章。

正如本章“案例研究写作”部分提到的，使用多种搜索引擎是很有用的。不同的搜索引擎有不同的覆盖范围、优点和缺点。因此，使用一个以上的搜索引擎可以确保你不会漏掉关键文章。

7.4.2　使用现有的元分析、系统回顾和文献综述

我们已经在本章的靠前部分指出部分文章的来源（见表 7－1）。显然，如果你能找到与你的研究主题相关的元分析、系统回顾或文献综述，这对你来说会是非常有用的，尤其是当它们是合理的最新研究时，即使它们的重点不完全是与你的主题相关的案例研究。在搜索引擎中使用“元分析”（或者其他术语）和你的主题作为关键词进行搜索，可以帮助你找到所有已发表的相关文章。

7.4.3　使用文章、书籍或报告

当你找到与你的主题相关的文章、图书、报告或其他材料时，一个明显的策略是检查它们引用的条目，以确定哪些内容可能与你相关。当然，这可能会把你引入旧条目，但是你可以很好地识别与你的主题相关的重要出版物，因为它们很可能经常被引用，并在文献综述部分被讨论（如果文章、书籍或报告中有文献综述部分的话）。当你找到关键作者时，如果他们仍然活跃，你可以搜索他们的个人网站，查看有关你的主题他们还发表了什么，包括最近发表的。

你很有可能在这个过程中发现一些特定的期刊，它们会定期刊发你感兴趣的内容。对这些期刊网站进行系统搜索是有意义的，这既可以检查你是否漏掉了其他相关的条目，又可以查看与你的主题相关的最新文献（相关文章可能刚刚在线发表）。

7.4.4　使用硕博士学位论文

如果你的研究是在学术背景下进行的，你很可能想要查看硕博士学位论文，这些论文基本上都可以在网上找到电子版。ProQuest 是你可以使用的搜索引擎之一，它很好地覆盖了在美国和加拿大发表的论文，同时也合理地覆盖了国际论文。另外，还有一系列开放式搜索引擎和其他限制在特定国家或机构中使用的搜索引擎。

找到一篇或多篇最近的相关硕博士学位论文是非常有用的，因为这些论文包含非常广泛的最新文献综述。这有助于你了解现有研究的深度，以及识别对你来说很难追踪、非常专业的当地材料。如果这些论文包含了有关你的主题的案例研究，它们对于你阅读方法、理论及主题方面的内容是非常有用的。

当然，在实践中，需要使用这些策略中的多种——使用搜索引擎，现有的元分析、系统回顾和文献综述，文章、书籍和报告，硕博士学位论文，以找到

与你的研究相关的案例研究。每一种方法都有优缺点，你如果采用两种或两种以上的方法，可以将优点结合并克服缺点，但是你要做好通过不同方法找到很多相同材料的心理准备。一旦这种情况反复发生，你应该确信你已经发现很多与你的研究相关的材料。

7.5 使用现有的案例研究

你可能会使用的现有案例研究方法已列举在专栏 7-3 中，我们将依次解释每一条。

专栏 7-3

使用现有的案例研究

- 了解你的研究设计以及方法和方案的选择。
- 了解理论框架。
- 与你的实践相比较。
- 与你的研究结果和结论相比较。
- 提高你的研究的概化性。
- 阅读与你的主题相关的非案例研究。

7.5.1 了解你的研究设计以及方法和方案的选择

关于研究设计、方法和方案方面的阅读是很重要的，特别是你在学术背景下进行研究时。阅读某书及其推荐的其他图书是很有帮助的，它将有助于确保你的研究尽可能恰当和完善。

然而，正如之前所指出的，只有少数现有的案例研究出版物可能在这方面有用，因为大多数出版物都把重点放在案例研究本身。

7.5.2 了解理论框架

同样，你还需要阅读有关理论的内容，以使你的研究有更广泛的背景。应试着解释为什么事情是这样的，以及它们是如何被改变或改善的。你可能只是在进行一个案例研究，甚至可能不打算做更多的研究，但为了充分利用这次锻炼机会，你应该尽可能把你的研究放在一个广泛的背景下。

然而，与研究设计以及方法和方案的选择一样，大多数关于案例研究的出版物在这方面都没有作用，因为它们的重点在案例研究本身的结果上，而且可能很少或根本不涉及理论。

7.5.3 与你的实践相比较

为了确定如何进行研究以及在什么情境下进行研究，你不仅可以在研究进行前阅读研究设计、方法和方案方面的内容，也可以在研究进行中或结束后做这项工作，以比较你的研究有什么进展。

然而，请记住发表的文献通常呈现出一种过于积极和单向的研究报告。在大多数学术出版物中，研究描述的似乎是一个完美无瑕的过程，读起来就像是事先确定的一样。不过，你也可能会遇到这样一些出版物，它们“毫不掩饰”。所以，如果你的进展看起来不如他人那么顺利，不要太沮丧。

7.5.4 与你的研究结果和结论相比较

然而，使用与你的主题相关的案例的最明显的方式就是将你的研究结果与你的研究结论相比较。在类似的环境中进行的类似案例研究所得出的结论与你的结论相似，还是有显著差异？

如果结论相似，那么这是一个令人宽慰的消息，表明你已经很好地完成了你的研究，并且有一些东西可以添加到关于你的主题的研究和文献中（尽管这些东西可能不是很多）。

如果结论不同，不要恐慌。只要你相信你已经尽可能细致和公开地进行了你的研究，这就可以表明你所做的案例研究与你以前所想的不一样。这时，你可以做更多的调查，看看能否找出你的案例研究的不同之处或特别之处。也许你无意识地选择了一个极端的案例；也许你已经提出一些原创性的发现，这将对你的研究领域做出重大贡献。

7.5.5 提高你的研究的概化性

当然，本书的大部分讨论都提到了概化问题（相关主题在第3章有详细的讨论）。目前，单个案例的概化问题已被大家广泛认识和接受。然而，如果你的案例研究是一系列案例研究中具有同一主题的其中一个，你应该利用这些案例研究的结果来论证它们之间的相关性和适用性。

这是针对已经讨论过的主题进行另一个案例研究的很好的理由，因为它可以帮助你建立证据基础。

7.5.6 阅读与你的主题相关的非案例研究

阅读与你的主题相关的研究是有意义的，这些研究有些使用了案例研究设计，有些没有使用案例研究设计。无论如何，这都将有助于你了解研究相关主题的其他方法，以及这些方法的优点和缺点，并得出一个更合理的理由来解释为什么你选择了一个案例研究设计。更广泛地说，它将为你提供更多的发现，以与你的研究结论进行比较。

7.6 案例研究实例

在这一部分，我们将会回顾一些已经发表的案例研究实例。这样做既可以展示不同学科中案例研究设计的各种研究方法，又可以了解人们对现有研究的评价及研究的使用方法。这里讨论的案例可能会与第 4 章“一些有意义的案例研究实例”中的五个案例形成补充或对比。

当然，鉴于存在那么多已发表的案例研究，我们可以选择任何有趣和高质量的案例研究来说明本节内容。这里选择的案例是方便样本，这并不意味着这些实例是案例研究中最好的例子（当然我认为它们是很棒的例子，不然我也不会选择它们），也不意味着那些没有被选择的案例在某种程度上是不好的或者有缺陷的。

7.6.1 Baines 和 Cunningham (2013)

这篇文章由加拿大和英国的社会工作学者撰写，作者在四个地区（新西兰、澳大利亚、加拿大、苏格兰）开展了 9 项关于非营利性社会服务机构的密集案例研究，采用了他们称为“快速民族志”（rapid ethnography）的数据收集方法。

> 快速民族志是一种多方法民族志，涉及在较短时间内从众多来源中收集数据，来源包括访谈、参与者观察、文献回顾、有时调查（sometimes surveys）和焦点小组。这种方法的目的是对组织、环境或社会某些部分的片段进行一种多层的、有纹理的分析，并把结构和意识与形成社会关系的更大的社会政治环境联系起来。(p. 74)

与传统的民族志不同（具体参见第 6 章关于这种研究方法及案例研究的讨论），这种方法在数据收集的各个方面至少包含两名研究者（p. 75）。在这项研究中，一名研究者在国内，另一名研究者在国外。Baines 和 Cunningham 认为，快速民族志是“一种有效的方法，可以解决迫切的社会问题，这些问题需要相对直接的解决方案以及对更大知识体系做出的贡献”，并且“适用于解决涉及政策和实践的交叉问题（例如资助制度的影响和新的管理模式），以及在任何方向上扩展理论的问题”（p. 77）。

Baines 和 Cunningham 使用了 9 个案例研究中的一个基于信仰的机构的案例研究来阐述他们的方法。他们发现，“较短的时间线……我们提前与参与者进行的访谈以及我们比较国际数据的能力似乎意味着我们很快进入了研究领域”（p. 79），尽管考虑的特定案例研究的狭隘性向我们提出了一些挑战，但“进行多案例研究使我们能够获得往往是意料之外的新研究发现，并综合分析它们，将其整理成数据集（data collection）或进行对话，然后将这些数据与国际数据相比较”（pp. 80 - 81）。

这是在案例研究设计中使用特定数据收集方法的一个有趣例子。它涉及国际上进行的多个案例研究和数据收集的多种形式，因此它显然需要一个经验丰富的小团队才能成功地进行研究。尽管如此，这种方法的一些元素在小规模的研究项目中是可复制的。

7.6.2 Etherington 和 Bridges (2011)

这篇文章由两位英国研究者撰写，他们对客户的咨询经验进行了深入的、小规模的叙事性调查，重点是对所取得进展和咨询结果的回顾。六名得到一个社区咨询机构帮助的客户接受了采访，该机构接待遭受虐待的人。Etherington 和 Bridges 详细地概述了他们的案例研究叙事性方法。

> 我们的案例研究方法将研究者本身作为一个数据（比如经历过的故事）收集、解释和再现的主要工具，认为知识和认知者相互依存，并将其嵌入历史、语境、文化、语言、经验和理解。叙事研究者从“好奇、不知道”的立场出发，帮助故事讲述者解决文化背景问题……叙事性研究探寻人们如何赋予他们的经历以意义，并认识到这种意义是多重的和依赖语境的。(p. 12)

出于道德原因，被调查者结束咨询后，研究者不会再联系他，而是会联系新的被调查者，询问新被调查者是否愿意在采访结束后参与项目。一旦采访完成，Etherington 和 Bridges 会进行一个复杂的、迭代的数据分析过程：

> 首先，我（Etherington，第一作者）处理每个人的叙述，把这些叙述当作他们自己的知识，挑选出故事，尽可能和他们一样地去理解这些故事，并注意故事是如何讲述的，以及故事中的隐喻、情感反应、思想和想法。我根据录音核对和修改文稿时，赋予它们意义……然后，我将修改过的文稿交给参与者，让他们从自身的角度标出最重要的故事。第二作者……也需要转录叙述，我们两个将自己理解的谈话内容进行对比，尽量不用“大叙述”来填补空白，而通过逻辑思维将这些故事片段整合在一起。随着我们各自在文稿方面工作的进行，我们共同讨论了哪些是最重要的事情，这些都以我们的理论和实践知识、个人经历、共鸣以及文本中所呈现的意义和参与者讲述故事时传递给我们的意义为基础……所有的采访或对话结束之后，我们会从一个可以纵观所有故事的角度比较参与者之间以及我们和参与者之间的想法的相同点、矛盾点、模糊点以及差异点。(p. 13)

接下来，六位参与者中有三人的经历会被详细列举和讨论。研究者在文章中得出了一些有关回顾过程的非常有实践意义的结论：

> 本研究结果表明，回顾对于咨询者及被咨询者来说是很好的工具，它的有用性可能取决于它的设计和实施方式。有用的回顾过程可能包括：使客户的注意力集中在目标上，并且鼓励他们在咨询结束前完成他们必须完成的任务；使他们有能力要求自己想要的东西，比如继续咨询或结束咨询；监督他们与顾问的关系和咨询的进展。(p. 20)

这很明显是小规模研究，只有六个接受了同一中心咨询的人接受了采访。

尽管如此，对于研究者和被研究者、涉及的咨询中心，以及对实践、经历及咨询的用处感兴趣的所有人来说，这个研究都是有意义的。

虽然为使围绕理解的讨论和分享成为可能，研究涉及了两个研究者，但是一个研究者也可以完成该研究项目，这个研究者需要具有咨询行业的适当的知识和联系。除了咨询之外，在其他类型的组织和实践中开展类似规模的研究项目也是相对容易的。

7.6.3 Garaway (1996)

Garaway 是一名在以色列工作的研究者，她调查了在印度的城市和农村使用简化文字来提高读写能力的方法，还应用了一个多案例复制设计，并且每个案例都嵌入其中，也就是说，它包含了多个分析单元（p. 203）。她报告称，通过使用这个设计，以及“采用标准参照测试、调查、焦点小组访谈、文献分析和观察等方式，对文稿进行的评价试图获得一个明确定量研究的可靠性特征，以及定性研究的有效性特征”（p. 207）。

她同时开发了学生和案例网站的资料，进行了交叉案例的比较，并设法用一些文字和图表来总结她的发现。她总结道：

> 跨文化评价（尤其是在发展中国家）往往会在不可控的变量方面提出极端的挑战。总体来说，传统的控制方法在控制涉及的数量和类型方面是无效的和不合适的。这种设计……试图解决这种问题，并提供了一个良好的组织框架。虽然这种设计在检验信度和效度方面提出了挑战，但它可以为评估者提供一个组织框架来收集和分类各种各样的数据。反过来，这个组织框架也可以作为一种工具，它可以在不同的文化背景下以一种有序的、文化上灵活的方式来审视一种现象。（p. 210）

这是一个关于一个研究者把一个复杂的案例研究应用于富有挑战性的情境中的有趣例子，它展示了定性和定量的数据收集和分析策略如何在案例研究设计中构建。实际上，Garaway 关心的是通过可用的和造字的方式来收集尽可能多的数据，对于小规模研究者来说，这是一种非常有益的方法。

7.6.4 Jones 等人（1993）

Jones 和他的三个同事在美国提出了一个关于心理治疗的单个案例研究的范例。

> 他们观察了一名被诊断为重度抑郁症而接受每周两次且持续两年半强化治疗的患者。他们对观察的每一部分都进行录像，并定期对患者的变化进行评估。他们采用时间序列分析方法对治疗过程中的波动建模，考虑时间和既往事件对后续变化的影响，从而保留了治疗师和患者行为之间的前后决定意义。对因果效应的双向分析表明，治疗师与患者之间的影响过程

> 是相互的，并且患者对治疗师和过程的影响在以往的过程和变化模型中没有得到充分的说明。(p. 381)

有趣的是，单个案例研究收集到的数据主要是定量的。心理治疗师和患者定期完成评估。该分析的重点是这些测量数据的变化和相互的关系，结果证明患者和治疗师相互影响。虽然 Jones 等人承认他们的发现并不具有概化性，但认为他们提出了研究心理治疗影响的方法。

这个案例研究很有趣，原因有二。第一，它说明了单个案例研究如何产生有趣和具有启发性的结果。第二，它表明即使是小规模的案例研究也可以通过定量方法来进行，定量方法和定性方法一样，都能够产生丰富的详细数据。

7.6.5 McCarthy，Holland 和 Gillies (2003)

McCarthy，Holland 和 Gillies 三位来自英国的社会学者关心的是年轻人的家庭生活。他们的数据包括对来自三个案例研究家庭的九个人的访谈，他们的研究重点在于"如何理解这组访谈中的不同之处、观点和在分析来自同一'家庭单位'的访谈过程中所产生的问题"(p. 2)。

他们依次用客观主义、解释主义和反身性的方法来研究他们的数据，然后，更简单地从世代和性别的角度来进行研究。他们指出：

> 分析万花筒的每一个扭曲会使不同的问题成为焦点，即使只有九个访谈正被研究。我们对各种分析方法带来不同形式知识的方式感到震惊。当我们研究家庭内部的个人叙述时，我们看到了多个视角；当我们查看相关的家庭叙述时，我们能够辨别出它们的共性。我们从性别和世代的角度发现了共性，还发现这些共性被进一步的差异分割开来，这些差异似乎反映了种族和阶级。事实上，我们可以说，将我们的分析重点转移到这些不同方法上的整体效果一直是强调一个关键的理论观点，这一理论观点揭示出在所有复杂的情况下，个人历史、家庭生活和有关性别、世代、阶级和种族的观点都交织在这些相关的个人叙述中。(p. 19)

因此，最重要的结论涉及个人和社会的复杂关系，这向所有的案例研究者和其他研究者传达了重要的信息：重要的事情不仅仅是别人可能会如何定义三角测量，还包括考察从不同的角度或立场收集到的数据。

7.6.6 Mjoset (2006)

挪威社会学家 Mjoset 提出了一个关于以色列/巴勒斯坦冲突的案例研究，采用了他所称的"概化"务实策略，该案例研究基于现有的文献和研究。他的兴趣在于为什么这场冲突变得如此根深蒂固和持久。为了研究这个问题，他必须至少评估 22 种理论，讨论诸如殖民主义、国际关系和定居者国家等问题。

他认为，实用主义研究者找到了积累知识的方法，这些知识超越了解释/理解、概化/规范的根深蒂固的二分法……一位持实用主义立场的研究者将寻求必要的基础知识来回答有关当地研究前沿的研究问题（pp. 755 - 756）。

他解释了当地研究前沿（local research frontier）的性质，研究涉及的过程如下：

> 作为实证研究者，我们参考了一些嵌入较小的当地研究前沿的理论。我的项目依赖几个或多或少经过精心设计的当地研究前沿，这些前沿在理论和观察之间起中介作用。虽然我只做了单个案例分析，但它依赖对多个其他案例的观察，这些观察包括当地的、与问题相关的研究前沿，这些研究领域连接了多个“文献”。(p. 757)

他认为，用这种方式能够提出一个单个案例研究，并且可以提供关于以色列/巴勒斯坦冲突的合理解释，还可以针对我们如何在类似的冲突中进行思考给出建议：

> 我的研究结果也可能会反映到当代世界关于持久冲突的深层次研究前沿中，使这一前沿更加显著。在这种分类框架内，我们也许能够处理北爱尔兰、阿尔及利亚、车臣的冲突和其他持续的当代冲突。这里对以色列案例的系统解释带来了另一种对冲突的概括，而不是官方形式的文献对此的概括。(p. 761)

当然，作为实用主义者，我们很可能会认为，以色列和巴勒斯坦的冲突是如此重要，不仅仅是区域范围内，国际上也是如此，以至于关于它的单个案例研究无论是否有可能进行推广都不仅仅是合理的。但是，如果这样的单个案例可以使对其他类似案例有用的中层理论得到推广，那么它就更有意义。

7.6.7 Nonthaleerak 和 Hendry (2008)

Nonthaleerak 和 Hendry 分别来自泰国和英国的商学院，他们对泰国的九家案例研究公司进行了分析，重点介绍了他们使用的六西格玛方法，这是一种广泛应用于工业的质量改进措施。研究数据来源于 43 个半结构化访谈。他们指出：

> 考虑到需要收集关于六西格玛方法实施的深入、丰富的数据，我们选择了案例研究……案例研究的优点……包括可以达到理解的“探索深度”……在这里，探索性研究是非常合适的，因为在学术文献中很少有关于六西格玛现象的知识。我们需要通过一个多案例研究方法来克服现有文献中的许多既往研究的缺点，这些研究都在单一的组织中进行……多案例研究方法使人们可以更直接地比较不同情况下的实践的异同，并得出更通用的结论。(p. 284)

分析通过“在访谈数据中识别核心类别和建立一个证据的逻辑链”的方式进行……在分析中，研究者通过访谈每个公司中两个层次以上的管理人员和带专业人员（belt professionals）（这是针对有一定经验水平的工作人员的六西格玛术语）来进行三角测量（p. 285）。研究结果表明，六西格玛方法的使用效果不佳，研究还探讨了可能的原因。

在这个例子中，案例就是这些被调查的公司，研究采用了多案例研究方法。虽然研究者有意将包括制造和非制造公司在内的各种公司列入样本，但不能说这个样本就具有代表性。然而，使用多案例研究方法会使研究结果更有说服力。

7.6.8　Oke 和 Gopalakrishnan (2009)

Oke 和 Gopalakrishnan 是来自美国的两名研究者，他们研究了一家大型零售商针对供应链中断的管理。他们以下列方式说明了使用单个案例研究的理由：

> 单个案例研究提供了一个在事件发生的自然环境中研究一个现象的机会，它可以探索复杂的联系和潜在的意义，也可以使研究者研究整个供应链。它也适用于现有知识有限的情境，因为它会生成深入的情境信息，从而使人们获得更高层次的理解。(pp. 169 - 170)

虽然只研究了一个案例，但这个案例相当庞大。“这家零售商是北美最大的食品、用品、配件、宠物和专业服务零售商，可以满足宠物的终生需求……这家零售商在美国和加拿大经营着 700 多家超市，2003 年的销售额超过 30 亿美元”(p. 170)。数据是通过对公司总部和分销中心的高级信息提供者的访谈收集的。

Oke 和 Gopalakrishnan 发现把供应链风险分为高可能性、低影响和低可能性、高影响后，这些风险是高度相关的（p. 174）。他们认识到了概化问题，但他们认为单个案例研究的价值体现在理论和假设的发展上，这些发展可以通过其他方式检验：

> 本研究的实证案例分析的目的不是概化，而是理论复制，通过这种复制，以及采用理论构建的方法，可以提出论点……本研究提出的论点是广泛的，涉及不同组织可以采用的风险和缓解战略的分类，但不考虑部门间的差异。这些论点可以通过其他方法进行进一步的验证，例如大型调查。(p. 174)

7.6.9　Rialp 等人 (2005)

Rialp 和他的三个同事都来自西班牙，他们关注行业内“天生全球化”(born global) 现象，即新企业从成立开始便迅速国际化。他们研究了最近在加泰罗尼亚成立的四家小型或中型企业，其中两家遵循“天生全球化”模式，另外两家则以一种更渐进化的方式发展。他们提出：

> 基于多个案例的研究可以作为实证检验先前理论的基础，也可以为研究的现象提供新的理论解释。而且，通过应用复制逻辑（包括文字和理论）和所谓的模式匹配分析程序，研究者可以得到在类似的理论条件下使用的几个案例的结果分析（而非统计）概括。文字复制使研究者能够在与特定预期模式相关的案例组中捕捉到细微的相似性和差异，而理论复制可以使研究者识别与不同期望模式相关的案例组之间的关键差异。因此，研究者期望他们之间会有不同的看法，但需要有一个先验的可预见原因。(pp. 139，141)

他们采用了概念性的（例如目的性的）抽样方法，该方法：

> 允许我们在案例选择标准中引入一定程度的差异，包括不同领域（制造和服务行业）以及不同地理区域（城市或农村）的高技术公司和低技术公司。然而，为了与之前对创业型公司的研究相一致（这些创业型公司被认为是典型的新兴和小规模企业），所有目标样本公司都必须是小型的、独立管理的，并且是最近才创建的（创建时间少于 7 年）。(p. 141)

数据收集以对公司领导的访谈为中心，并由公司文件和其他辅助数据支持。这四个案例首先经独立分析，然后进行集中分析，尤其是考察语言和理论中重复的部分。虽然这种研究不是小规模的，但也不是一个大项目，而且一个研究者就可以进行操作，考虑到时间和访问权限，或许需要一个小团队来进行。

7.6.10 Vellema 等人 (2013)

Vellema 和他的三个同事来自荷兰，他们关注公司和非政府组织间的伙伴关系。这些非政府组织旨在将小农纳入价值链（术语为“价值链伙伴关系”），从而促进其发展。他们针对价值链伙伴关系的两个案例研究位于乌干达和卢旺达。他们采用案例研究设计，因为：

> 被理解为对一个相对有界的现象进行深入研究的案例研究，能够对干预所引发的变化机制做出谨慎的因果推论，在这个例子中干预指价值链协作。我们把伙伴关系当作“情境行动”来研究，这个案例研究提供了一个跨案例分析的基础，目的是提取更多关于伙伴合作活动的一般性因果推论。(p. 306)

他们针对案例研究采用了三阶段分析方法：(1) 对案例进行描述性推理；(2) 根据单个案例建立假设；(3) 考虑案例中制度变迁的理论应用。很明显，考虑到对改进实践的关注，他们将其研究描述为行动研究（参见第 6 章对行动研究与案例研究在组合设计中的使用的讨论)。他们的结论是，使用案例研究使我们能够识别潜在的动态和过程是如何帮助或阻碍我们实现预期的发展结果的。(p. 317)

7.6.11 结论

这些例子再次强调了一系列重要的观点，这些观点已经在本书中多次出现，但值得持续强调：

- 案例研究作为一种研究设计广泛应用于各个学科。这里讨论的案例涉及商业和管理、咨询、发展、教育、护理、心理治疗、社会工作及社会学领域(参见第 5 章)。
- 案例研究也是国际上采用的一项研究设计。这里讨论的少数案例以及英美国家“显而易见的候选案例”(由于英文出版物的限制) 包括加拿大、印度、以色列、挪威、卢旺达、西班牙、乌干达和泰国的研究者的贡献。
- 虽然一些案例研究依赖单一的数据收集方法 (通常是访谈)，但在其他案例研究中则使用多种方法，包括焦点小组、参与者或其他人观察、设计调查问卷和调查，以及评估、测量和测试。虽然大多数的例子倾向于定性分析，但也有一些定性分析和定量分析相结合的例子。另外，还有一个例子 (Jones et al.，1993) 主要依赖定量数据。
- 虽然大多数的例子都是不同类型的案例研究，但也有一些与其他研究设计相结合的案例研究，这些研究设计包括行动研究 (Vellema et al.，2013)、民族志 (Baines and Cunningham，2013) 和时间序列分析 (Jones et al.，1993) (参见第 6 章对类似组合研究的讨论)。
- 一些研究的案例数量从 1 个 (3 个例子) 到 9 个 (2 个例子) 不等，其他研究聚焦 2、3、4、6 或 7 个。然而，这还不足以准确地说明某些研究的规模。其中一个案例研究是对以色列/巴勒斯坦冲突的考察 (Mjoset，2006)，还有一个案例研究的重点是提高印度人口的读写能力 (Garaway，1996)。

讨论的大多数案例包含多个研究者，但是其中两个案例只涉及一个研究者(Garaway，1996；Mjoset，2006)。讨论的大多数案例也涉及相关理论。所有案例都得出了有趣且有价值的结论，并提出了针对进一步研究的建议。所有的论证都证明了案例研究是 (或者至少应该是) 有意义的小规模研究。

7.7 相反案例

与前一节相比，在这一节中，我们将讨论两个相反的案例研究。这两个案例自称属于案例研究设计，但很多案例研究的倡导者对此提出质疑。在第一个案子中，倡导者质疑的是该案例研究的规模，它显然不是一个小规模研究。在第二个案例中，问题焦点是该案例研究到底是不是一个案例研究，抑或仅仅是为了方便而用案例研究来命名。

7.7.1 Greenhalgh 等人 (2010)

Greenhalgh 和他的五个合作者来自英国的卫生或医疗部门，他们进行了一项他们称为使用混合方法的多层次案例研究，目的是评价一项国家计划，这个计划旨在评估有关应用英国国民保健服务中心存储的电子医疗记录系统的国家计划。这项研究是由英国卫生部门委托进行的，这是一个涉及定量因素和定性因素的重要研究项目，它扩展了案例研究设计的概念，这远远超出了大多数实践者的设想。

定量数据包括初级保健中心、加班中心和紧急处理中心的 416 325 份护理工作记录。定性数据包括对决策者、经理、临床医生和软件供应商进行的 140 次采访，以及2 000页的民族志调查笔记，还包括 214 次临床咨询观察记录，以及 3 000 页的文件。文章对定量数据进行了统计分析，并对定性数据进行了分析和解释。对于后者：

> 严谨被定义为真实性（通过扩展的实地调查潜心研究案例）、合理性（提供对赋予参与者意义的地方现象的解释，并将其整合成一个条理分明的整体叙事）、临界性（系统地质疑被界定的假设）。(p. 3)

Greenhalgh 等人采用了“以应用为重点的评估”方法。他们在一个大规模的信息系统中进行了一项解释性实地研究，强调“在项目的某个部分不断地、反复地比较研究结果，并形成一个整体的故事”(p. 2)。他们得出了如下结论：

> 集中存储电子简要记录的好处似乎比许多利益相关者所预期的更加微妙和具有偶然性，临床医生可能无法获得这些好处。当复杂的相互依赖关系、固有的紧张关系和高度的工作负荷在全国范围内引入时，人们就应该考虑到这些问题。(p. 1)

如果没有具体的政府资金和政府支持，这样一个大项目是不可能实施的，尤其是在项目关涉敏感的访问和伦理问题的情况下。也许在目前的情况下，最有趣的是探寻为什么这个研究会被归为案例研究。换句话说，就是探寻是什么构成了案例。这篇文章的分析重点是三个中心（初级保健中心、加班中心和紧急处理中心），这些中心涉及的是个别的医生和护士。每个中心和每一个在其内部工作的医生和护士都被认为是案例。因此，这是一个多层次的案例研究。

虽然这项研究可能被称为一个多层次的案例研究，但仍存在一种质疑，认为这种说法在某种程度上“低估”了这项研究，而使用另一个术语（也许是大规模评估）可能更合适。在这方面，最令人怀疑的是这项研究的绝对规模，因为这个项目（即使它从 3 个中心缩减到 1 个中心）显然已经远远超出单个研究者或一组研究者的规模，而这通常与案例研究本身的规模相关。

因此，这项研究有效地提出了一个问题，即案例研究是否必须是小规模的（参见第 4 章提及的 Payne 等人 2007 年的研究，虽然该研究总体上的规模没有那么大，但也使用了混合方法且是多层次的)。

7.7.2 Jenkins 等人 (2001)

Jenkins 和他的六个同事来自美国或瑞典的健康或医疗研究中心。他们描述了一种结合两个或更多纵向研究的数据且不使用元分析的方法，不使用元分析是因为数据收集方法各不相同。他们的研究结合了“在美国纽约州北部进行的 Otsego-Schoharie健康心脏研究，以及在瑞典北部进行的 Norsjo 研究”(p. 41)：

> 这项研究的总体目标是以最大限度的分析能力和灵活性将两种不同的公共卫生干预数据结合起来……通过配对建立一个合成纵向随访组，得到的结果相对保守，但这个随访组在统计上具有强大的 ANOVA（方差分析）模型。(p. 41)

显然，这是一项有用的研究，该研究建立在两个可比较的现有研究之上，产生了一个强大的模型，并解释和预测了正在发生的事情。

让人感到困惑的是，作者提到他们的研究时，把研究的副标题写成了“案例研究”(就像通常所做的那样)。然而，文章中并没有出现“案例研究”这一短语，也没有参考案例研究的相关文献。把这篇文章称作案例研究并没有为研究增加任何内容，它只是具有一般意义，即它是对某项研究的其中一部分（如一个案例）的研究。

这项研究提出了一个问题，即把任何一项研究称为案例研究是否总是合理的或有用的。正如第 3 章“每个事物都是一个案例吗?”部分所讨论的，在研究中，研究者会把任何他们喜欢的东西称为案例研究（Stake，2005，p. 445)。然而，我们并不总是赞同他们的观点。

7.7.3 结论

这两个相反的例子已经讨论过，不必过分地批评它们，因为它们每一个都是有用的研究，并提出了案例研究的局限性问题。因此，一方面，是否有一个研究项目的规模如此之大，以至于它很难被设想为一个案例研究，且需要其他名称？另一方面，如果我们将一个研究项目贴上案例研究的标签，在某种程度上，考虑到案例研究文献，我们是否应该证明这种做法的合理性?

当然，除了研究那些声称是案例研究但身份存疑的例子，我们还应该研究那些并未自称是案例研究的例子，这些例子可能是按照案例研究设计的。还有更多的这类案例可供选择。

7.8 小 结

在这一章中，我们：

- 讨论了大量可用于案例研究的已发表文献，包括关于将案例研究作为研究设计的讨论，以及针对具体案例研究的大量材料报告。

- 研究了一些现有的元分析或对特定主题的案例研究的系统回顾，指出了它们在概化方面的有用性。
- 讨论了确定及查找与自己的兴趣相关的案例研究的方法。
- 讨论了如何在研究中充分利用这些案例研究，并列举了一些具体的例子。

7.9 重要文献

Byrne，D，and Ragin，C（eds）（2009）*The Sage Handbook of Case-based Methods*. London，Sage.

David，M（ed.）（2006）*Case Study Research*（4 volumes）. London，Sage.

Mills，A，Durepos，G，and Wiebe，E（eds）（2010）*Encyclopedia of Case Study Research*（2 volumes）. Los Angeles，CA，Sage.

Tight，M（ed.）（2015）*Case Studies*（4 volumes）. London，Sage.

UNDERSTANDING CASE STUDY RESEARCH

第Ⅲ篇

如何开展一项案例研究

Carrying Out a Case Study

第 8 章
案例研究的选择、情境与理论
Selection, Context and Theory in Case Study

8.1 引 言

本章和下一章将针对你在开展案例研究时需要考虑的问题提供指导。本章主要关注案例研究开始时你需要思考的问题，下一章则主要关注案例研究实际进行时你会遇到的问题。当然，这两章不可避免地会存在一些重叠。

本章首先对这些需要思考的问题进行概述，并对其他人提供的指导建议进行概述与补充，然后讨论你的研究问题，比如，你为什么要开展这项研究？你想通过这项研究得到什么样的结果？

接下来，本章讨论抽样和案例选择的问题，如你选择研究哪个或哪些案例？你如何证明这一选择是正确的？你的研究提出了什么样的问题？继而，概述潜在的伦理问题。

然后，阐述案例研究界限的重要性，以及理解案例研究界限与周围环境的关系的重要性。从原则上讲，这些都很重要，不理解它们你很难进行案例研究。从实操的角度来看，理解这些问题可以帮助你明确计划开展的案例研究的范围。

接着，讨论特定理论框架内明确定位案例研究的可取性和意义。你关注的是检验现有理论，还是建立新理论？如果你是在学术背景下或应学术要求开展案例研究，回答这一问题尤其重要。

最后，分析单案例研究和多案例研究之间的重要区别。虽然前者更集中，但后者可以让你对不同的案例进行比较。

8.2 概 述

在本章开头需要强调的是开展案例研究涉及的问题和程序，例如，选择研究什么、如何研究，以及如何分析研究发现。大多数（如果不是全部的话）研究者在采用其他研究设计时，通常也会遇到这些问题。关键的区别在于，在案例研究中，我们选择研究某个特定的案例还是少数案例（尽管案例研究不是唯一的小规模深入研究）。

这意味着我们可以从其他研究方法教材上获得很多关于案例研究所涉及问题与程序的指导，尽管那些研究方法教材并不是关于案例研究的，而是关于定性或定量方法的，或者是关于某些特定方面的。这也意味着其他案例研究图书中提供的许多指导（Stake，1995；Yin，2009）（包括本书中的指导）具有普适性。

那些专门提供案例研究指导的学者倾向于像我在本章中所做的那样，将建议划分为一系列阶段、步骤、任务或原则。专栏 8-1 总结了七个作者给出的指导建议。

专栏 8-1

开展案例研究的指导建议

Macpherson，Brooker 和 Ainsworth（2000，pp. 57-58）提出了六个指导案例研究实践的原则。

关于研究目的：

1. 情境性：建立与研究参与者合作和谈判的方式，同时认识到所有情境下都存在微观政治的客观现实，并注意其对研究目的的影响。

关于研究地点：

2. 敏感性：对研究地点、参与者和伦理问题有敏感性和同理心，并在此基础上开发研究方法。

关于研究过程：

3. 真实性：开发在实质和方法上对目的有明确解释的方法。*

4. 适用性：开发优先考虑专业工作特定方面的重点（大处着眼，小处着手）的方法。**

5. 成长性：开发能支持和维持研究合作伙伴方面的发展和以促进社会转型为研究目的的方法。

关于产出：

6. 传播性：互动和人际网络（包括交流）方面的影响。

*这一点也适用于目的和地点。

**这一点也适用于地点和过程。

Stuart 等人（2002，p. 420）提出了一个五步指南：

1. 定义研究问题。
2. 开发工具。
3. 收集数据。
4. 分析数据。
5. 发布结果。

Stake（2005，pp. 459-460）明确了定性案例研究者的六项“主要概念责任”：

1. 界定案例范围，概念化研究目的。
2. 选择现象、主题或问题（要强调的研究问题）。
3. 借助数据模式来解决问题。
4. 三角测量关键观察和解释根基。
5. 考虑选择其他解释。
6. 形成关于案例的结论或概括。

George 和 Bennett（2005，pp. 73-88）确定了案例研究设计的五项任务：

1. 问题和研究目标的具体化。

2. 制定研究策略并明确变量。
3. 选择案例。
4. 描述变量的差异。
5. 明确数据要求和普遍问题。

Rosenberg 和 Yates（2007，p. 449）提供了九个“清晰适宜的操作步骤，以维护案例研究的严谨性和方法完整性”（p. 448）：

1. 发现研究问题。
2. 明确基础理论。
3. 选定案例——案例的情境和感兴趣的现象。
4. 确定具体的案例研究方法。
5. 确定最适合解决研究问题的数据收集方法。
6. 选择适合每种数据收集方法的分析策略。
7. 采用分析过滤器对分析的数据进行提炼。
8. 使用矩阵，将数据整理为可管理的块和概念分组。
9. 得出结论，并形成案例描述。

Pan 和 Tan（2011，p. 164）的八步指南提出用“结构化-实用化-情境化”方法来进行案例研究：

1. 准入谈判。
2. 概念化现象。
3. 收集和组织相关数据。
4. 构建并延伸理论视角。
5. 确认和验证数据。
6. 选择性编码。
7. 确保理论-数据-模型的一致性。
8. 撰写案例报告。

Thomas 和 Myers（2015，pp. 121 - 129）提出了三阶段设计：

1. 找到一个主题和一个目标。
2. 明确研究类型。
3. 关注直觉、理论和分析的作用。

其中的六个总结——Stuart 等人的五步指南（2002）、Stake 的六项主要概念责任（2005）、George 和 Bennett 的五项任务（2005）、Rosenberg 和 Yates 的九个操作步骤（2007）、Pan 和 Tan 的八步指南（2011）以及 Thomas 和 Myers 的三阶段设计（2015），与本章介绍的方法大致相似，只是步骤的数量与名称有所不同。George 和 Bennett（2005）只关注了研究的设计，而未关注研究的实施。但是，所有这些作者都按先后顺序列出了需要完成的任务：从确定研究问题到制定数据收集策略、收集数据、在数据中寻找模式、编码、整合理论和数据，再到最后的撰写和发表结果。

尽管如此，每一个作者都特别强调这些任务或过程的某一部分。Stuart 等人（2002）强调工具开发，Stake（2005）强调案例范围和数据三角测量，George 和 Bennett（2005）强调制定研究策略和描述变量的差异，Rosenberg 和 Yates（2007）（篇幅最长的步骤）提倡在分析中使用矩阵，Pan 和 Tan（2011）关注准入谈判、构建理论视角和编码，Thomas 和 Myers（2015）强调直觉所起的重要作用。

Macpherson，Brooker 和 Ainsworth（2000）的总结与其他人不同。他们从目的、地点、过程和产出等概念着手，为案例研究制定了一些实施原则：情境性、敏感性、真实性、适用性、成长性和传播性。他们提供的原则不是指导你如何开展案例研究，而是指导你应该在开展案例研究时怎样做。

这些关于案例研究的指南中的每一个或某些组合都是一份非常有用的备忘录，可供你在开展案例研究时参考使用。当你制定案例研究计划时（这是下一节的主题），这些指南会对你有所帮助，不过你还应该清楚地记住一件事：这些只是指南，是理想的状态，实际操作的时候往往会有出入。

计划你的研究项目

如果你正在开展案例研究以获取学分，那么在研究开始阶段为你的研究起草安排表或计划时间表就是正常的，而且几乎是必需的。这项工作可能会用到专栏 8-1 以及本章与下一章所使用的许多术语或名词，这些术语或名词应被安排在表格或图表的一侧，这可能需要花费几周或几个月的时间。然而，这样的安排可能会非常有用，你既可以在一开始找出可行的方法，也可以在过程中对照检查，并且在整个过程中每隔一段时间进行一些调整。

你需要记住你在研究过程中的实际体验，而实际体验很少像研究计划或最终报告中所写的那样清晰有序。你可能会发现，自己会根据需要或可行性的要求，在同一时间执行多项任务，从一项任务跳到另一项任务或者来回执行某些任务。你甚至会感到迷茫和困惑，不知道下一步该做什么。别担心，这很正常。几乎任何有价值的研究项目都涉及对计划的妥协或改变。

做研究可能是一件杂乱无章的事情。像本书这样的图书所提供的指南以及根据研究所写的文章与报告都没法做到对过程和经验进行完全准确或诚实的描述。怎么会这样？前者试图为成千上万的研究者提供指导，指导他们如何在不同的情况下解决各种不同的问题，后者则需要参照严格的模板并以简短的方式呈现内容。因此，应对教材和发表的文章持有一定的批评和怀疑态度。

8.3 研究问题

有趣的是，专栏 8-1 七个指南的作者中，只有 Stuart 等人（2002），

Stake（2005），George 和 Bennett（2005）三个指南的作者（尽管他们关注研究目标；其他人，尤其是科学家和定量研究者则使用假设）特别关注研究问题对研究过程的重要性。然而，许多研究者，无论是专注于案例研究还是其他一些研究设计，都认为研究问题是关键的出发点，是它推动了其他的研究决策：

> 问题是你研究的出发点。你应从一个问题开始，而不是假定你将要做一个案例研究。应该按你的问题的逻辑需要开展案例研究，否则你就不应该做案例研究。（Thomas，2011a，p. 30）

要开展研究但不了解正在研究什么以及为什么要研究是非常奇怪的。但不管对新手还是有经验的研究者来说，这种情况都并不少见（这可能有充分的理由：起初你可能会寻找希望研究的内容，或不确定你在研究什么问题）。然而，大多数研究者至少会对他们感兴趣的内容以及他们想要了解的内容有一个大致的了解。即便如此，只是一个大概的想法也会浪费你的时间和精力，以致你盲目研究或走进死胡同。因此，尽早在你的研究计划中描述你想要研究的内容非常重要，而且描述得越详细越好。

理论上，研究问题应该简短具体，并且是明确的、可回答的。让你的研究问题限定于有限的数目是很明智的选择，尤其是在小规模研究中。专栏 8－2 列出了从已报告的研究项目中找到的例子。请注意，每个例子中只有两个或三个问题，当然其中一些问题很明显还包括子问题。其中一些问题有点冗长，而其他一些问题可能更清楚，但每个例子都清楚地说明了研究者想要研究的内容。

专栏 8－2

来自案例研究的研究问题示例

---

1. 确定屏障分析中使用方法的范围，以及针对调整关于屏障分析所提供信息的改进干预措施的方法的范围。

2. 将纯粹的教育改善干预措施与教育和组织改善干预相结合的干预措施进行比较。（Bosch et al.，2007，p. 162）

---

1. 如何扩大知情者的作用才能有助于提高信息系统中解释主义案例研究的研究水平？

2. 这种方法适用的条件是什么？（Bygstad and Munkvold，2011，p. 33）

---

1. 简明案例记录的可用性、用途、功能和影响是什么？如何解释它的应用所带来的变化？

2. 简明案例记录的未来发展是否受到宏观、中观和微观层面的影响？

3. 对实践和政策有借鉴意义的经验有哪些？（Greenhalgh et al.，2010，p. 2）

---

1. 在国际化进程中，高等教育组织正式界定的领域是什么？

2. 正式界定的领域为什么以及如何随时间改变？

3. 为什么随着时间的推移，新的领域被添加到国际化进程中？它是如何被添加的？（Kondakci and Van den Broeck，2009，p. 444）

1. 零售供应链中不同类型的风险或潜在风险是什么？

2. 管理这些风险所需的缓解策略是什么？这些策略中哪些是通用的，哪些是针对某些特定风险的？（Oke and Gopalakrishnan，2009，p. 168）

你应该尽早在你的项目中确定你的研究问题（就像你的研究计划一样），然后定期进行回顾。查看计划、回顾计划和计划进展是有用的。然而，始终要记住研究问题并不是一成不变的。

你可能会发现，随着研究的进展，你已经成功解决了某些研究问题。或者说，你可能会发现你已经解决的问题与你最初想要解决的问题略有不同。别担心，这很正常。修改你的研究问题以便问题能更好地反映你已经完成的工作也是可以接受的。事实上，不这样做将是愚蠢的，而且可能会误导你。根据你的研究的目标受众，以及你撰写的研究报告的类型，你可能想要承认你已修改原来的研究问题，并简要解释了原因。

期望得到任何有意义的研究问题的明确或最终的答案是不切实际的。如果你没有解决你想要解决的所有问题，也不要过分担心。研究项目的主要成果之一通常是确定未来研究的方向。其后，你自己或其他研究者将继续深入研究这一问题。

8.4 抽样和选择问题

抽样和选择几乎是每个研究项目（无论是定性的研究项目还是定量的研究项目）的基本过程，除非你打算研究你感兴趣的特定总体（例如小学、汽车制造厂、国家）中的每个例子。在实践中，许多案例研究忽略了这些问题，有时甚至认为抽样和选择问题只适用于使用统计或多变量研究设计的情况，但认真的研究者不应该这样做。

即使你正在做单案例研究，并已经确定你准备研究的案例，抽样和选择也很重要。许多小规模研究者这样选择他们的案例：以他们所供职的小学或汽车制造厂和他们所属的国家为例，或者由资助者或雇主为他们选择案例。但是，即使在这种情况下（如果可能的话），你也应该仔细考虑其他选择，并且注意“内部人员”参与研究的后果以及你的案例的比较特征（即典型性或不寻常性）。你应该能够佐证与解释你的选择。

Uprichard（2013）认为，案例抽样背后有三个基本假设：

> 可以说，任何抽样设计的必要前提都取决于以下三个方面：（1）案例的本体论；（2）了解案例特性所需的认识论假设；（3）案例研究过程涉及的逻辑。这三个方面在整个研究过程中相互作用，并且只有在该案例研究的特定情境下才能确定。（p. 2）

她指出，这三种假设的权重在概率抽样（通常用于定量研究）和非概率抽样（主要用于定性研究，尤其是案例研究）中有所不同。这意味着它们，尤其是后者，只有在研究进行时才能评估样本的充分性。

> 可以理解的是，人们可能需要一整套可用来评估样本有效性的标准列表。但实际情况是，用于评估样本有效性的标准本身取决于那些被选中案例之间的相互作用、研究这些案例的意义以及研究这些特定案例非常重要的原因。(p. 7)

从更务实的角度看，Thomas（2011a）指出了选择特定案例进行研究的三个主要原因：

> 一是你对这个案例非常了解，你想了解该案例的某些特征。它就是你的研究对象。二是该案例提供了一个特别好的例子，可供你了解某些内容。三是该案例能揭示一些有趣的事情，因为它与标准不一样。(pp. 95 - 96)

第一个原因适用于你选择或被要求研究你所在的单位。当然，这种由熟悉产生的动机通常伴随着改善单位运作的某些方面的愿望，如绩效、效率或产出。通过详细研究案例，你希望更好地了解单位的运作情况，并能够为这方面的改进提出切实可行的建议。

Thomas 的另外两个原因可被描述为更具有“研究性”，因为你的选择更多地取决于你的研究结果能否引起更广泛的兴趣，或者你所研究的案例是否更典型或不寻常。

Meyer（2001）认为案例研究中的抽样策略与定量研究中的策略必然不同，但她错误地认为抽样方法是完全定性的：

> 案例抽样的逻辑与统计抽样有根本的不同。案例研究中的逻辑涉及理论抽样，其目标是选择可以重复、扩展新兴理论或填补理论范畴的案例，并提供极端类型的例子。因此，定量抽样关注自身的代表性，定性抽样则寻求信息的丰富性，并有目的地选择而非随机选择。(p. 333)

这与 Thomas（2011a）的第二个或第三个原因类似。

Mahoney 和 Goertz（2004）在政治学背景下，为选择他们所谓的负面案例（即没有出现感兴趣的结果（如改善学生表现、公司合并、国家革命）的案例）提供了指导。当负面案例确实存在且需要研究这些案例，这一指导就特别有帮助。他们认为，应该根据他们提出的可能原则及相关联的包含和排除规则来选择案例：

> 可能原则：选择感兴趣的结果有可能出现的负面案例。
>
> 包含规则：如果案例中至少有一个自变量与感兴趣的结果正相关，那么案例就是相关的。

> 排除规则：如果案例中的任何淘汰性自变量导致感兴趣的结果未出现，则案例就是无关的。这条规则优先于包含规则。(pp. 657 - 658)

看待这个问题的另一种方法是考虑你的案例研究或正在进行的案例研究的类型（参见第 2 章对不同类型案例研究的讨论）。例如，Seawright 和 Gerring (2008) 讨论了如何为以下类型的案例研究选择案例：典型案例、多样案例、极端案例、偏离案例、有影响的案例、最相似/最不同的案例。偏离案例分析，即“对某一假设上异常的特定案例的研究”（Molnar，1967，p. 1），有着悠久的历史。

8.4.1 进入角色

抽样和选择的一个关键问题是要拥有或获得对人员、机构、文档或任何了解案例所需要的内容的访问权。显然，只获得有限的访问权，或者在研究开始时（或者可能更糟糕的是有一部分研究已经完成）遭到拒绝访问，不会有助于你成功解决研究问题（注意事项参阅 Canen，1999；在第 5 章关于教育的部分，我们讨论了这篇文章）。

这也有助于解释为什么如此多的小规模研究者选择在自己的机构或自己所处的环境中开展研究，因为访问权（通常被错误地认为）似乎是有保证的。然而，需要再次强调的是，访问权不是唯一重要的因素：

> 你需要对潜在的数据有充分的访问权，无论是进行人员访谈、查看文档或记录，还是在“现场”观察。如果能从不止一个候选案例那里获取足够的访问权，那么你应该选择最有可能阐明你研究问题的案例。（Yin，2009，p. 26）

仅仅基于方便性和获得访问权的容易程度选择案例进行研究，可能会严重限制案例研究的价值。相比之下，如果投入更多努力，哪怕略有延迟，只要能跳出自己的熟悉区，也许也能产生更有价值的见解，从长远来看，这也会对你更有益：

> 在阅读大量使用案例研究或学校与教室民族志的比较报告时，很显然，大家通常会对研究地点的选择缺乏足够的关注。很多时候，研究者似乎愿意选择那些他们可以很容易获得访问权且便于访问的研究地点，而不考虑这样选择的影响。结果是，有太多的比较案例研究所涉及的国家和更具体研究地点的选择似乎与研究的理论目标没有密切关系。人们已经认识到，在选择研究地点时，研究者不得不考虑在可能是较远和不方便的地点进行实地考察所涉及的时间、经费和个人成本。此外，很显然，民族志和案例研究只能在已经获得访问权的情况下进行，而这并不总是简单直接的。但是，无论获取访问权有多困难，它都不是选择适当研究地点的首要考虑因素。(Walford，2001，p. 151)

选择正确的案例可能会让你陷入相当多的初步工作、谈判和额外付出，但当你完成研究时，你会发现一切都是值得的。

获得访问权的另一个问题是，研究者有时会忽视这一问题，直到为时已晚，访问被拒绝。研究者自己的特点，如年龄、性别、阶层、种族、身体状况和外表，都可能影响其访问以及计划研究的人是否对研究者的出现感到满意。即使你在自己的国家进行研究，语言和文化也可能会产生障碍。因此，请注意你可能对其他人产生的影响，并做好灵活变通的准备。

8.4.2　抽样和选择中的其他问题

对于研究尤其是案例研究设计应该怎么做，有专家阐述了研究者决定抽样和选择时应该注意的问题。

在一本关于定性数据分析的广为引用的经典教材中，Miles 和 Huberman（1994）提到了定性研究中抽样实践的六个总体标准：

1. 抽样策略应与研究的概念框架、研究问题相关。
2. 针对需要研究的现象，样本应该能产生丰富的信息。
3. 样本应该能增强研究结果的概化能力。
4. 样本应该能产生可信的描述/解释。
5. 考虑抽样策略是否符合伦理准则。
6. 考虑抽样计划是否可行。(p. 34)

这些标准如此通用，以致它们可以应用到定性研究之外的领域，当然它们也适用于各种类型的案例研究设计。

Curtis 等人（2000）将这些标准应用于他们关于健康地理的三个案例研究，并得出了这样的结论："Miles 和 Huberman（1994）提出的六个标准对我们制定健康地理案例研究的抽样策略非常有帮助"（p. 1013），第 5 章的地理和环境研究部分进一步讨论了这项研究。

Poulis，Poulis 和 Plakoyiannaki（2012）的立场略有不同，他们强调情境在案例研究选择中的作用：

> 第一，研究者需要考虑总体是什么，以及该总体中哪些案例更适合用于考察研究问题。这种考虑在跨文化环境中尤为重要，研究者通常会面对这样的限制：从未知的总体中挑选案例，或者缺乏仔细理解该国数据和当地习俗的技能或知识。第二，研究者需要考虑为什么选择某些案例，而没有选择其他一些可能对研究问题具有潜在重要性的案例。忽略概念上意义重大的案例可能会导致人们在跨文化情境中建立理论与解释时遇到问题。第三，值得一提的是，能够为案例选择过程提供保障的"万能"抽样框架既不可行也不可取。(p. 312)

换句话说，虽然理想的选择策略也许不可能实现（也可能不可知），但研究者应该始终意识到并准备佐证他们在选择时考虑的因素，以及它们的局限性是什么。

从进行跨国研究的政治学家的角度来看，Anckar（2007）指出了抽样中经常遇到的问题，以及如何克服这些问题。他认为：

> 政治学领域的聚焦比较研究很少采用多组平行的国家。相比之下，使用同一个或同一组国家来研究不同的问题似乎已经成为惯例。(pp. 58 - 59)

这种过于简化的选择方法破坏了案例的可比较策略。

如果你正在进行多案例研究，以比较的方式研究两个或更多的案例，那么你在抽样和选择时要考虑一系列因素（参见本章后面关于单案例研究和多案例研究的内容）。因此，Small（2009）给民族志研究者推荐了两种针对更广泛受众的策略：Mitchell的扩展案例方法（即在很长一段时间内对案例进行纵向研究，参见第6章对时间序列设计的讨论）和序列访谈（即不断增加新的案例，直到没有新的解释出现，或达到“饱和”）。

Arnold（1970）提出了维度抽样的方法，这是“研究的案例数量比较少时可以采用的一种方法”：

> 简而言之，该方法包括三步：（1）明确描述你最终希望推广到的范围；（2）阐明这个范围内对各不相同的成员来说最重要的维度有哪些，根据这些维度上的变化组合出一些类型；（3）使用这些类型作为抽样框架，再从整个范围中抽取少量案例，每一类型通常需要抽取一个案例。(p. 147)

当然，这种方法确实需要你对从中抽取的少量案例的范围或总体有一些了解。

如果你对这方面不是很了解，McClintock（1985）建议使用他的案例聚类法：

> 当建立一个完整的抽样过程列表不太可能时，可以使用案例聚类法。首先，选择过程中自然出现的“类”，对它们进行枚举，然后，界定和选择最终的分析单元（即感兴趣的过程）。在最终的界定和选择阶段之前，可能会存在多个层次的过程类。(p. 207)

他认为，“案例聚类法提供了一种方法来将案例研究结构化，这样就能让数据收集、分析和报告更聚焦”(p. 220)。

8.4.3 选择偏差

抽样和选择中另一个需要考虑的问题是选择偏差。

> 根据案例在因变量上的分数来选择研究案例可能会导致偏差。所有选择的案例都有共同的明显成因，这些案例之间的共同之处可能会导致它们

> 本应产生的效应没有出现。在根据因变量选取的小样本中，原因与效应之间存在的关系可能会在与因变量位置不相关的样本中消失，甚至表现为相反的关系。如果历史研究或时间序列在某个特定日期结束，一旦研究包含的年份发生变化，那么之前似乎有道理的观点就可能变得很荒谬。(Geddes，1990，pp. 148－149)

在研究政治决策的执行时，选择偏差会因“太少案例/太多变量”而出现(Goggin，1986)。解决这个问题的三种方法是：减少变量的数量、增加案例的数量或根据相似性和可比性选择案例。然而，这些解决方案仍然存在问题，导致 Goggin 认为：

> 只要案例数量相对较少，这种类型的比较研究就不能进行用于统计相关研究的随机化和多变量分析，也不能进行实验研究中的随机选择和分配。因此，仍然无法保证研究者能够评估不同自变量的独特影响，以及控制多变量分析中的无关变量，并将特定的研究结论进行推广。(p. 334)

因此，他进一步提出了两个策略：结合小型研究和大型研究；进行实验和准实验。当然，所有这些评论都指出了案例研究方法潜在的不足。

8.5　伦理问题

与访问权密切相关的是伦理问题。研究者（即使从事小规模研究）尤其是那些从事学术研究的研究者，需在开始收集数据之前仔细考虑这些问题，然后在整个研究过程中记住这些问题。即使研究项目完成之后，他们也可能需要确保收集的数据继续得到保护或被销毁。

近几十年，监督医学模式已经扩展到所有形式的研究，甚至是伦理风险相对较小的人文和社会科学研究。在医学和医疗保健领域，伦理显然是研究者关注的重点，因为患者的幸福至关重要（McLeod，2010，尤见第 4 章）。虽然伦理问题在其他学科中不是亟待解决的问题，但仍然很重要，需要明确解决。

在现在的学术机构，研究者必须从两个或两个以上的机构中得到伦理许可，在获得许可之前，需要根据这些机构的标准填写相应的申请表格。这可能会大大增加项目开始所需的准备时间，因此研究者应将其编入研究时间表。

May（2001）针对研究背景下的伦理给出了一个有用的定义：

> 伦理关注的是制定符合道义的行为准则和原则，伦理决策并不是以对研究者或他们所从事的项目有利的角度来制定。伦理决策关心什么是对的或正义的，不仅考虑项目、资助者或研究者的利益，还考虑研究参与者的利益。(p. 59)

当然，很多问题可能会在伦理准则或相关指南中得到解决。专栏 8－3 总结了四本教材中提到的问题。很容易看出，这些问题在细节、数量和涵盖范围方面有很大差异。许多国家的研究协会或学术团体，例如英国的教育研究协会、社会学协会和心理学会，提供了一系列指南，可以通过这些团体的网站在线访问这些指南。如果你所学的学科是其中之一，或者你是制定类似指南的人，那你很有可能需要认真遵循这些指南。

专栏 8-3

可参考的伦理原则和框架

1. Bryman（2004，p. 509）

伤害参与者；缺乏知情同意；侵犯隐私；欺骗。

2. Burns（2000，pp. 18-22）

自愿参与和非自愿参与；知情同意；欺骗；角色扮演；述职；隐私和保密；中止的权利；实验者的义务；调查结果的发表；压力；干预研究。

3. Kent（2000，pp. 63-65）

自主；善意；不伤害；公正；准确性；隐私；保密；保真度。

4. Cohen，Manion 和 Morrison（2007，p. 51）

知情同意；能了解和接受研究的基本情况；社会研究普遍的伦理特性；伦理争议的压力来源，包括无恶意、善意和人格尊严，绝对主义和相对主义伦理；研究者面临的问题与困境，包括隐私、匿名、保密、背叛和欺骗等问题；特定研究方法中的特定伦理问题；伦理和评估研究；伦理监管框架、研究实践准则和规范；个人行为守则；资助研究；研究共同体的责任。

实质上，所有这些守则、指导方针和准则可以归纳为四个主要的伦理原则：

1. 任何参与研究项目的人员都同意参与，并知道他们同意去做什么（知情同意原则）。

2. 参与研究项目的人员不会受到伤害或不利影响（安全原则；请注意，这也适用于研究者）。

3. 参与研究项目的人员有权随时停止或退出项目（退出原则）。

4. 为参与研究项目的人员保密，确保他们的贡献和身份不会被识别（保密原则）。当然，还存在另一种情况，即他们想被识别。

因此，如果你的案例研究涉及收集其他人的数据，那么你在开展研究时需要确保他们知情同意，保证他们的安全，让他们有权随时退出，并确保他们的贡献被保密。

虽然这些都是合理的原则，但是在具体实施过程中有可能出现各种问题。例如，访谈可能会影响被访谈者，这都很难预测。你可能会问一些你认为无害的问题，而这个问题有可能引发令回答者不安的记忆或反应。

如果你在自己的单位中开展案例研究，那么你会对参与者很熟悉（也许你与其是上下级或同事关系），他们可能不会不同意或退出。如果你后来撰写并发表了案例研究的结果，隐瞒研究单位的身份可能会比较困难，这是因为你是在自己所在的单位进行许多小规模研究，即使你匿名，读者也可能会认出你所在的单位。

不过，这些实际问题不会削弱计划或开展研究时密切关注伦理问题的重要性。你至少需要意识到这些问题，并通过你所采取的谨慎措施表现出来：

> 主要的伦理问题和争论并不容易解决，这就是为什么自 20 世纪 60 年代以来伦理争论几乎没有发生变化。关键是要意识到所涉及的伦理原则，以及社会研究中伦理问题的本质。只有研究者意识到所涉及的问题，他们才能针对某些选择做出明智的决定。(Bryman，2004，p. 507)

8.6　案例研究的情境：边界、环境与分析单位

> 将某些东西变成一个案例或将其“案例化”，可以使理论和数据之间、思想和证据之间存在的一些问题得到解决。案例化作为一种方法，可以应用于研究过程的任何阶段，尤其是在研究开始时和结束时。(Ragin，1992b，p. 218)

案例研究者早已认识到案例边界，并理解了案例边界在环境中的地位与作用的重要性。但令人惊讶的是，在讨论案例研究设计和过程时，研究者对这些问题的关注很少（Carter and Sealey，2009；Ragin，1992b，1997）。然而，案例研究报告偶尔会注意到这种现象可能造成的问题，例如，Wells 等人（1995）在一项关于美国学校取消跟踪改革（跟踪是学生能力分组的基础）的研究中指出：

> 在我们努力去平衡研究具体和具有明确定义的案例及其背景时，我们开始明白它们其实是同一件事。我们还了解到这些情境化的案例不能被预先确定为需要访谈的人，相反，我们必须在我们的理论框架和主观性指导以及初期受访者的帮助下，共同构建每个案例。通过这种方式，我们从每个学校的外部开始，识别社区中那些对我们的分析单元影响最大或对这一现象有最独特认识的人。这意味着，最终 10 个案例中的每一个的形式和规模都不相同，并且包含不同类型的人员。这些案例的差异在某些方面是我们针对学生不按能力分班改革中固有的规范性、技术性和政治性斗争最具诠释性和最重要的发现。(p. 24)

同样，在医学领域，Griffiths（2009）指出：

> 在空间和时间方面，医学领域的案例没有清晰一致的界限。有的案例在时间上波动得非常迅速，有的案例则非常稳定。尽管医学倾向于关注个体，但很难确定在哪里绘制医学案例的边界，因为每个人本身及其健康状况至少部分是通过他与社会和物理环境的关系形成的。(p. 451)

在研究方法文献中，研究者较少关注案例的边界至少部分是因为与案例研究一样，界定案例这一概念在整个研究过程中只是一个专业术语而已。毕竟，

所有的研究者都必须对他们的研究项目加以限制，因为他们实际上不可能研究所有事情。在小规模研究中更是如此，因为如果要在时间和资源的限制范围内完成可管理和可交付的研究，限制或聚焦研究就显得至关重要，界定案例也存在同样的问题。

Baxter 和 Jack（2008，pp. 546 - 547）给出的建议交代得非常清楚："关于如何约束案例的建议包括：(1) 根据时间和地点；(2) 根据时间和活动；(3) 根据定义和情境。对案例进行约束能确保你的研究范围保持合理水平。"根据 Baxter 和 Jack 的前两项建议，你可能会用时间和地点来界定你的案例（例如 2012 年奥运会、1945—1953 年的波士顿、2014 年夏季的佩恩斯巷），以及你感兴趣的东西（例如 2012 年奥运会男子马拉松比赛的战术、1945—1953 年波士顿航运的发展、2014 年夏季佩恩斯巷龙卷风的影响）。

根据定义和背景，Baxter 和 Jack 的第三个建议很像"根据案例和环境"。换句话说，你需要仔细确定这个案例是什么及其所在的环境。为了进一步说明，可使用前面的三个案例，具体如下：

- 定义：2012 年奥运会男子马拉松比赛。背景：其他奥运会马拉松比赛、2012 年奥运会。
- 定义：1945—1953 年进出美国波士顿的主要船舶。背景：波士顿航运的历史、波士顿的历史及波士顿作为港口的作用。
- 定义：2014 年 6—8 月，英国西米德兰兹郡萨顿科尔菲尔德的佩恩斯巷的龙卷风事件。背景：改变西米德兰兹地区的天气模式、西米德兰兹地区的龙卷风历史。

从这一点可以清楚地看出，尽可能精确地界定或定义你感兴趣的案例非常重要。同时需始终牢记：如果你对它们的界定或定义有所不同，那么你的发现可能会完全不同。

界定或约束案例不一定是一个简单的过程。确定初始边界可能看起来很简单，但数据收集过程会表明这一工作还不够充分。随着研究的开展，边界可能会随时间改变，直到最终定下来一个更可接受和可行的定义为止。Wilson 和 Gudmunsdottir 的研究（1987，第 5 章关于教育的内容中有进一步讨论）为这一过程提供了一个很好的例子。

与界定或约束案例密切相关的另一个问题是分析单元。案例研究关注这一问题，其他研究也关注这一问题。分析单位"指的是研究的内容，对象可以是个人、家庭、社区、组织、州乃至国家"（Gangeness and Yurkovich，2006，p. 11）。Yin（2009）这样定义它：

> 作为通用指南，你对分析单位的初步定义（与案例的定义相同）与你定义初始研究问题的方式有关。选择合适的分析单位，需要你在准确界定你的主要研究问题时就开始。如果你的研究问题不能让一个分析单元比另一个分析单元更好，那么你的问题就可能太模糊或太多，而且你在开展案例研究时可能会遇到困难。(p. 30)

Grunbaum（2007）针对案例分析单位这个相当简单的定义提出了挑战：

> 迄今为止，在概念上将案例与分析单位分离尚未引起足够的重视。本文认为，案例可分为围绕案例分析单位或“核心”的不同层次。任何研究都必须确定一个分析单位，这样做可以强化你的研究目的。分析单位处于比案例更低的抽象层次上，可为研究准备探讨的未知领域提供具体信息。因此，如何理解分析单位、如何在特定的研究中明确分析单位就成为非常重要的问题。(p. 88)

换句话说，分析单位是你选择研究一个或多个案例的原因，也是你在案例中需试图理解的重点。为了进一步探讨上述三个例子，这些案例的分析单位确定为马拉松比赛战术、航运发展和龙卷风影响。

当然，也可以这么说，很多小规模研究者是根据 Yin（2009）的建议才开始进行案例研究的。也就是说，他们从案例或想要研究的分析单位开始研究(像我们所说的那样，分析单位通常是他们自己所在的单位或者其中一部分或一方面)，然后确定他们的研究问题。还有第三种替代方法，那就是研究问题和要研究的案例几乎同时出现。所有这些方法都是可行的，关键是要尽可能明确研究的案例和分析单位、研究问题以及研究目的。

8.7　案例研究与理论

Thomas 和 Myers（2015）提供了一个清晰的视角，以说明理论在案例研究中的定位：

> 案例研究必须包含两个要素：
>
> 1. “实际与历史的统一”，我们称之为案例研究的主题。
>
> 2. 一个分析或理论框架，我们称之为研究的目的。(p. 55)

当然，其他研究者可能没有那么教条，而是会更加灵活。但是，与其他研究设计一样，案例研究与理论之间的关系非常重要。研究，特别是学术研究，一般应该在理论框架内进行，而且应该（至少部分）涉及建立或检验理论。

然而，案例研究批评者认为，因为案例研究是小规模的，所以它不适合建立或检验理论。案例研究支持者则认为，正因为案例研究如此深入，它才非常适合用来建立理论。通过多个案例研究进行适当扩展时（下一部分将进一步讨论），案例研究也可以用来检验理论。

更注重实效的研究者，尤其是那些在学术背景之外进行研究的研究者，可能不会认为建立和使用理论框架是迫切的需要。他们可能只满足于开展案例研究，并试图找出他们感兴趣的东西。

8.7.1　理论是什么?

当然，很多事情取决于我们所说的“理论”是什么。很多术语（比如概念、框架、假设、想法或模型）经常用作理论的同义词，这就使问题变得更加复杂或混乱。几十年前，政治学家 Eckstein（1975）针对关于理论的不同观点提出了一种解释，在整个社会科学领域及其他领域引起了共鸣：

> 在我们所处的领域，关于理论是由什么构成的，有两种极端观点：一种极端（理论上的“硬”路线）观点认为，理论只包含那些与当代理论物理学特征类似的陈述；在另一极端（“软”路线）观点中，理论被简单视作任何现象背后的心理构念或者对它们的研究。（1975，p. 86）

换句话说，我们是否正在寻求一种普遍适用的理论（例如，相对论或引力理论）？我们正在讨论的能否解释针对刚刚观察到的行为模式的假设或总结？我们是否处于这中间的某个位置？

Adams，Cochrane 和 Dunne（2012）三位教育研究者提出了一种更新、更精细的解释：

> 理论具有多重含义，所有这些含义并非都易于协调一致，并成为可广泛使用的概念。例如，理论可以简单地代表一个关于社会配置的观点，或者代表一个智力公式，让人们能够结构化经验或数据。有时理论被泛泛使用，且与哲学同义，或者被具体用作对经验的解释性描述。理论化可以关涉一个扩张性的事物，因为它可以被视作一种能产生新方法的行为，帮助我们去思考世界的配置方式，并且能被推广、转移到许多新概念中，以帮助它们发挥作用。（p. 1）

其他人则以不同的方式表达了相同的观点，例如高层次、中层次和低层次的理论，或者宏大理论、日常（或常识）理论。

然而，可以准确地说，在社会科学领域提出的大多数理论都属于 Eckstein 所说的“软”路线。或者说，在 Adams，Cochrane 和 Dunne（2012）的术语中，大多数“理论”讨论处于“关于社会配置的观点”或“经验的解释性描述”层面。有些案例研究关注的是更高层次的理论，例如行动者-网络理论（Hansen，2011）。

Hammersley（2012）认为，案例研究与理论之间的关系很大程度上取决于你所关注的理论类型或你所讨论的理论。像 Adams，Cochrane 和 Dunne（2012）一样，相比 Eckstein（1975），Hammersley 提出了一种更全面的分类，并确定了一些对理论的解释：与实践有关的理论；理论与事实；抽象理论与具体细节；宏观理论与局部描述；理论与描述相对；作为解释性语言的理论；作为一种方法或“范式”的理论。他还区分了关注解释的案例研究和关注理论化的案例研究。他总结道：

> 理论是否重要以及以什么为目的取决于术语的使用意义。此外，所有这些理论都涉及严肃的方法论和哲学问题。理论不应该被视为不可违背的，但是有许多与理论概念相关的重要问题需要关注。（p. 402）

Thomas（2010）进一步提出了一个令人耳目一新的观点，他认为我们应该努力将案例研究与实践智慧（而不是理论）联系起来：

> 如果案例研究关注实践智慧而不是理论，并且将实践智慧从理论分析的

> 归纳框架中分离出来，后果会是什么？案例研究的验证将不再参照理论或广义知识，而会来自案例研究为他人经验与自身经验提供的联系和见解。核心来自对实践智慧的理解，换句话说，来自与自身情况的联系。(p. 579)

虽然比起高层次理论，这种理论的要求可能没有那么高，但它依然为案例研究的实践设定了标准。

8.7.2　案例分析与理论建构

Eisenhardt (1989) 在一篇广为引用的文章中 (Ravenswood，2011) 为通过案例研究建构理论提供了路线图。路线图包括一系列步骤：开始；选择案例；制定工具和协议；进入实地调查；分析案例数据；搜索跨案例模式；形成假设；展示文献；完成。这个路线图与其他作者提供的案例研究的一般指导非常相似（见本章专栏 8-1 和概述部分）。

然而，如果把重点牢牢地放在案例研究在理论建构中的作用上，Eisenhardt 认为：

> 通过案例研究建构理论是一个惊人的迭代过程。虽然研究者可能每次只能关注过程的一部分，但过程本身需要在步骤之间不断迭代。(p. 546)

从她的陈述中可以清楚地看到，虽然理论建构可以从单案例分析开始，但若想继续下去就需要开展更多的案例研究。理论建构和下一小节的主题理论检验之间显然是有联系的。

Dooley (2002) 提出了一种更有针对性的观点，并接受了很多人提出的案例研究在理论建构方面存在先天缺陷这一局限性，虽然通过案例研究建构理论很困难，但他仍认为这是可能的：

> 从案例研究的角度来看，理论建构是一个艰难的过程，案例研究一般不能被很好地推广或预测。开展案例研究的研究者通常对特定现象感兴趣，并希望完全理解它，且不通过控制变量，而通过观察所有变量及其相互作用关系来达到目的。这个单一的观察中可能形成一个理论的开端，这可能会激发研究者在另一个案例中研究同一现象，然后一个接一个地研究（都是单独研究单案例）或在案例间研究（跨案例分析），理论由此成型。(p. 336)

然后，Dooley 对案例研究与理论之间的可能关系进行了分类，允许将现有理论应用于单案例研究或多案例研究，利用单案例或多案例对现有理论进行了检验，开发了新理论或进一步发展了现有理论：

> 案例研究可以在逻辑上发挥四个特定作用，以满足应用学科理论建构对一般方法的要求：
>
> 作用 1：对已经概念化和操作化的理论的案例应用（单案例或多案例）。
>
> 作用 2：对已经概念化和操作化的理论的证实或失验。

作用 3：用于创建或推进理论的概念化和操作化的案例应用（单案例或多案例）。

作用 4：完全成熟的理论（单案例或多案例）的持续完善和发展。(pp. 349 -351)

请注意，对于每一个作用，Dooley 都认为可以通过单案例研究来实现（即使多案例研究可能更可取）。

基于对在国际商业领域中已经发表的案例研究设计文章的分析，Welch 等人（2011）从案例研究中找出了四种理论化方法：

- 将案例研究作为归纳理论建构（从实证数据中引入新理论）。
- 将案例研究作为自然实验（使用演绎逻辑来检验命题）。
- 将案例研究作为解释性的意义建构（试图理解具体内容，而不是一般内容）。
- 将案例研究作为情境化解释（了解特定的案例中结果是如何产生的）。

这些方法在重视情境化和因果解释方面有所不同。Welch 等人主张更多地使用上述第四种方法：

> 我们认为，情境化解释这一方法尽管在已经发表的案例研究的数据库中很少见，但它能够在不牺牲因果解释目标的前提下提供高度的情境化水平。我们认为，最重要的是这种方法具有能产生有关社会世界理论的一种不同观点的价值：拒绝因果关系的规律性模型，怀疑有意义的定律的概括可能性，对情境的保护是解释（而不是障碍）的一个重要组成部分。鉴于是以这种方式重新定义理论化过程，情境化解释的支持者试图解释“没有定律”。他们通过承认社会世界的复杂性、因果关系的有界范围和偶然性，以及多重互动效应的同时作用，提供了一种调和情境和解释的方式。(pp. 757 - 758)

相比之下，Hoon（2013）主张使用元综合或元分析，实质上就是开展或分析多个案例研究（见第 7 章对元分析的讨论），并从定性案例研究中构建理论。她得出三个主要结论：

> 首先，定性案例研究的元分析能够综合特定主题的定性证据，并具有建构理论的巨大潜力。其次，从已发表的案例研究中建构理论也具有巨大潜力，特别是如果能采用这里描述的严格程序，综合过程将极为可靠。最后，定性综合面临的最大挑战在于原始研究的潜在范式视角、方法和质量的内在异质性。(p. 543)

Christensen 和 Carlile（2009）采用完全不同的方式描述了采用教学领域（而不是研究与管理领域）的案例研究来建构理论的过程，这一过程具体包括两个阶段：描述和规定。每个阶段的理论建构都有三个步骤：观察、分类和界定关系。通过运用这种方法，管理课程成为“理论建构工厂”。

专栏 8 - 4 总结了一些已经发表的通过案例研究建构理论的实例。很显然，正如本节开头所概述的，这些实例倾向于“软”路线，而不是理论清晰的“硬”路线。

专栏8-4

通过案例研究建构理论的已发表示例

1. Fletcher等人（2009）通过有目的的抽样和对学生进行半结构化访谈来研究学校对年轻人吸毒可能产生的影响。他们针对这种关系提出了三个相关的解释（理论）：

> 学校对年轻人吸毒的影响可能是各种途径共同起作用的结果。在一些学校环境中，年轻人可能会开始或增加毒品使用：年轻人一旦被排除在主流之外，为确保被接纳和自身的安全，可能会将吸食毒品看作一种缓解压力和“逃避”的方式并使其成为他们被接受和认同的替代来源。确定这些途径能够使旨在减少毒品使用的全校性干预措施聚焦于最关键的因素。(p. 131)

2. Haunschild和Eikhof（2009）研究了德国戏剧行业的雇佣体系，并采用了半结构化访谈和参与观察的方式。根据数据及分析，他们得出了以下结论：

> 我们从雇佣体系理论的角度了解了特定生活方式在调节和塑造组织间共享工作和雇佣实践中所起的作用。前面提到的波希米亚生活方式的元素让剧场艺术家认识到了自己已完全致力于艺术的生产过程，接受了以工作为主导的生活带来的弊端，最重要的是掩饰了经济理论和市场力量，并将艺术和管理活动融合在一起。波希米亚人的生活方式有助于艺术家保持从事艺术工作的动力，这是剧场作为创意产业一部分的主要能量来源。虽然它可以解释为在特定的工作和雇佣情况下的个人应对策略，但它也对组织和整个行业发挥着重要的作用：它使艺术家能够保持工作安排的临时性和灵活性，通过提供更少的外在激励，使艺术家从奉献和创造中获益，进而使创造性生产成为可能。(p. 118)

3. Hashim（2010）研究了马来西亚地方政府的信息系统项目实施，并在12个组织中进行了访谈：

> 我的分析提出了175个问题或模式，并对这些问题或模式进行了系统梳理，进而形成了问题数据库。根据对问题的描述，我按照共同主题或类别对这些模式进行匹配和汇总，通过跨案例分析搜集了信息和通信技术实施中的问题。最后，我汇总出四个主题。出现次数最多（通过计数）的主题本质上为理论建构提供了依据。对访谈记录进行严谨的分析后，我得到了一些类别和子问题，然后将这些问题转化为信息和通信技术采用的微观框架或模型。(pp. 303-304)。

4. Tibben（2015）描述了一个定性项目，其中理论三角测量被用来系统地比较多个案例以建构理论（p. 628）。这些案例源于澳大利亚社区技术中心的工作，并用于建立理论框架。Tibben得出的结论是：

> 与民粹主义者、企业家和国家主义者的理论观点相对立的观点认为，不同的参与者是发展过程的中心，这些参与者即社区、私人部门和政府。理论三角测量方法使用这些观点来理解各个案例研究，再将每种观点应用于共同的案例，每种观点的相对优势和相对劣势就变得非常清晰。因此，有理由提出新的举措、政策和理论，以便利用这些观点的观察优势，同时减少案例与理论之间的矛盾带来的冲击。(p. 649)

5. Zonzi 等人（2014）报告了一项理论建构案例研究，该研究探讨了“最近发展区理论”。案例研究的是一位40多岁的正在接受心理动力学-人际关系治疗的女性，关注的是寻求让患者参与的心理治疗师。他们得出结论：

> 若将治疗性最近发展区作为一个游戏区域，患者就可以用创造性的方式四处移动，这强调了患者可访问的内容与治疗师干预质量之间的密切关系。当区域过于狭窄时，就没有地方可玩了，治疗进展因而变得缓慢且困难。(p. 459)

8.7.3 理论检验与案例研究

案例研究除了可建构或发展理论，也可以用来检验理论。理论检验和理论建构毋庸置疑是紧密相关的，前一小节讨论的理论建构方法与理论检验也有关联。理论检验涉及因果关系，也关涉我们是否可以从我们对特定案例的研究中推断出一件事情导致另一件事情（Rohlfing，2012）。

Yin（2009）将理论检验与问题概括联系在一起，他认为案例研究可以用来完成他所说的“分析性概括”：

> 概括的模式是分析性概括，先前建构的理论会用作比较案例研究实证结果的模板。如果有两个或两个以上的案例支持同一理论，可以表明结果得到了验证。如果两个或两个以上的案例支持相同的理论，但不支持同样合理的竞争理论，那么实证结果就更有说服力。(pp. 38 - 39)

可以借助越来越多的案例研究或实例来对理论进行检验和验证，或拒绝和修改。

考虑到理论化和多个作者的多个案例研究设计的关系密切，通过更详细地讨论多案例研究来结束本章似乎是一个合适的选择。

8.8 单案例研究和多案例研究

正如我们在第5章提到的，有很多致力于案例研究的研究者分布在不同的学科，对于这些人来说，一个关键决策就是从单案例研究转向实施或分析多案例研究。进行（或至少分析）多案例研究与一系列问题有关，包括概化（第3章的讨论）和理论建构与检验（本章前面部分的讨论），以及与其他更大规模的研究设计相比时建立案例研究的信度。这些问题长期存在，多年来研究者一直在尽力满足多案例研究设计的需求。

例如，40多年前，Lijphart（1975）定义了比较方法，他认为这是统计方法的替代方法之一：

> 在与统计方法有同一逻辑的基础上，这种方法检验变量间假设的经验关系。但是在这种方法中，选择案例时要使自变量的方差最大化，并使控

> 制变量的方差最小化。(p. 164)

换句话说，通过选择类似的案例进行研究，研究者就能评估能否在这些案例中观察到相同类型的变量关系，进而为他们的假设或关于这些关系如何起作用的理论提供支持。这有时称为跨案例或交叉案例分析（Ayres，Kavanaugh and Knafl，2003），用以区别仅限于单案例的案例内分析。

Odell（2001）认为单案例研究方法、多案例研究方法（采用比较方法）和统计方法处在一个“波谱”上，其中多案例研究处于其他两种方法之间的某个位置：

> 单案例研究方法在“波谱”的一端，而大样本统计方法在另一端，比较案例方法则在两者之间。与案例研究的优势相比，它们增加了分析杠杆效力。(p. 167)

George 和 Bennett（2005）进一步制定了开展多案例研究的策略，强调了结构化和聚焦比较的重要性：

> 结构化和聚焦比较的方法和逻辑比较简单直接。该方法是“结构化”的，因为研究者所做的工作是编写反映研究目标的一般问题，并针对研究中的每个案例提出这些问题，以指导和标准化数据收集，进行系统比较，并不断累积研究发现。该方法是“聚焦”的，因为它只关注研究案例的某些方面。结构化和聚焦的要求同样适用于个别案例，因为这些案例以后可能会加入其他案例。(p. 67)

他们还指出，如果可行，这些研究工作可全部由一位研究者完成，而且这些研究工作会变得更加容易：

> 在比较案例研究中，如果一个研究者不仅计划研究，而且实施所有案例研究，那么结构化、聚焦比较就更容易实现。每个案例研究由不同的学者进行时，在这种协作研究中，结构化、聚焦比较实现起来就会难一些。(p. 71)

然而，如果这不可行，并且计划研究的规模或性质需要许多研究者的参与，那么培训、试点和校准研究小组所做的工作就变得至关重要。如果研究小组是一个国际化的合作小组，或它们的语言和文化的起源不同，情况就更是如此。

Gerring 和 McDermott（2007）试图为比较案例研究提供实验模板，他们提出了四种设计：动态比较（涉及时间和空间变化）、纵向（即时间）比较、空间比较和反事实（即想象）比较。他们得出结论：

> 该框架为案例研究中常见的方法学难题提供了意义重大的清晰描述。因此，在进行研究设计时，我们建议重视以下问题。首先，我们需要什么样的证据来揭示 X 和 Y 的假设共变关系？有时间和空间变化，还是只有

时间变化，或只有空间变化，抑或两者都没有？其次，在分析这种共变模式时，有可能会违背什么其他条件？(p. 698)

Larsson (1993) 从不同的方向进行了讨论，并关注了元分析或综合策略(在第7章有进一步讨论)。这种方法使得一个研究者或研究小组不需要自己搜集实证数据，只需要将重点放在重新分析大量案例研究者已经取得的成果上。Larsson 将这种方法称为案例调查方法：

> 案例调查是一种成本低且强大的方法，它可以识别统计检验不同案例中的模式。当某个领域的研究以案例研究为主时，当分析单位是组织时，当研究者对广泛的条件感兴趣时，当实验设计不可能实现时，或者当无法捕捉与管理实践相关的情况时，这种方法尤其适用。案例调查的基本程序是：(1) 选择一组与所选研究问题相关的现有案例研究；(2) 设计一个将定性案例描述系统地转换为量化变量的编码方案；(3) 使用多个评分者对案例进行编码，并测量评分者的一致性；(4) 对编码数据进行统计分析。(pp. 1516 - 1517)

结论是，如果要充分实现案例研究的有用性，研究者需要跳出自己的案例，思考可比较的、累积的案例研究。

8.9 小 结

在本章中，我们：

- 讨论了案例研究的抽样和选择问题。
- 讨论了访问权与伦理问题。
- 考察了界定或约束、案例研究和分析单位的问题。
- 梳理了案例研究与理论建构和检验之间的关系。
- 分析了从单案例研究转向多案例研究的优势。

8.10 重要文献

Bryman, A (2004) *Social Research Methods* (2nd edition). Oxford, Oxford University Press.

Denzin, N, and Lincoln, Y (eds) (2005) *The Sage Handbook of Qualitative Research* (3rd edition). Thousand Oaks, CA, Sage.

George, A, and Bennett, A (2005) *Case Studies and Theory Development in the Social Sciences*. Cambridge, MA, MIT Press.

Hancock, D, and Algozzine, B (2011) *Doing Case Study Research: A practical guide for beginning researchers* (2nd edition). New York, Teachers College Press.

第 9 章
案例研究中的方法、分析与报告
Method, Analysis and Report in Case Study

9.1 引　言

接着上一章，本章继续提供开展案例研究的实用建议。下面，我们对相关问题做一个简单介绍。

首先是阐述方法论和方法的选择，以及这两个构念之间的关系。这与你对知识创造的整体观点以及数据收集的实用性有关。你采用定量方法，还是定性方法，或者采用混合方法?

其次是介绍数据收集和分析的过程。你使用软件进行数据分析，还是人工进行数据分析?

最后是报告你的发现，即撰写案例研究报告。这可以供你个人使用，或供你所在的单位使用，或者你可能希望与更多的学术读者分享你的发现和解释。

9.2 概　述

到了这一阶段，你已经决定做案例研究，确定好你最初的研究问题（记住，这些可能会随着项目的进行而改变），选好准备研究的案例，明确了准备采用的理论框架。如果其中一部分或全部不属实，请返回上一章，在上一章我们对这些问题进行了详细的讨论。

通过这种方式勾画出你的整体研究策略后，你现在即将开始案例研究中更实际的工作，也是研究中最耗时的部分——实际开展研究。所以，如果你仔细考虑并提前计划了准备要做的事情，这会对后续工作很有帮助。当然，这并不意味着研究仅仅是简单地按照计划开展工作，而不需要进一步思考或调整。在任何研究项目中，特别是在社会科学研究中，现实状况经常会变化。即使是最好的计划，也需要进行一些调整，而且随着情况的变化，项目的焦点也可能会发生根本性的变化。不管怎么说，你只能研究实际可行的事情。

在研究的实际操作方面，不管是做案例研究还是其他研究，通常会存在许多常规的重复工作。当然，也有（或者应该有）领悟与欢欣鼓舞的时刻，比如当某些事情发展得特别顺利时，当你发现令人惊喜的事情时，当你认为自己开始明白发生了什么时。但你的大部分时间将花费在那些要求不那么高的任务上，而且工作做得越多就会变得越容易。

因为研究涉及重复工作和事务性工作，所以你要坚持到底，并学会做好记录。你还需要注意的是，这项工作不能变得过于常规，你需要的是高质量的工作。出于这个原因，让你做的工作有所变化是一个好主意（例如，数据收集、分析与文献检索可以交叉进行；但无论如何，要根据研究的需要来确定），你还需要定期反思工作进展得如何，以及是否需要改变你的做法。

另一个要强调的是案例研究的实际操作方面，本书已经多次提到，案例研究与一般的研究非常相似。它们的研究设计可能不同，但数据收集方法（访谈、调查、观察、建立文档）、分析数据（整套的定性和定量方法），以及随后对结果的处理，是所有研究的共同问题。

这意味着如果你在这里找不到详细的建议，你就不必局限于查阅关注案例研究的其他图书或文章。关于社会研究及特定专业方法的文献有很多，其中一些将在本章提及，这些方法也可以用在案例研究中。因此，本章最后列出的重要文献特意包含了一些通用的社会科学研究图书，这些图书不一定只关注案例研究。

9.3　方法论和方法

在开展案例研究或其他研究（无论是小规模研究还是大规模研究）时，早期的关键决策是选择合适的方法论和恰当的方法或一系列方法来收集和分析数据。本节的目的是引导你完成这些选择。

有些人认为，使用的方法论和方法是由你的世界观（特别是你针对知识与知识是如何形成的观点），以及你的研究问题决定的。Cohen，Manion 和 Morrison（2011）对这一观点进行了有益的总结：

> 本体论假设（对现实和事物本质的假设）引发了认识论假设（研究和探索现实和事物本质的方式），这些都引发我们去考虑方法论问题以及工具和数据收集问题。（p. 3）

例如，如果你是一个实证主义者（我们将在本节的后面讨论这个问题和其他相关术语的含义），你会倾向于对世界进行科学观察，并利用定量方法来测量或检验假设。如果你是一个解释主义者，你会采取建构主义的观点来看待世界，并使用定性方法（尤其是半结构化访谈）来形成对特定问题或经历的深入且丰富的描述。

Crotty（1998，p. 4）在专栏 9－1 中针对这些关系提供了一个更加成熟的观点，展现了认识论、理论视角、方法论和方法之间的关系。我们不应该简单认为四列内容之间存在直接线性联系，毕竟这种联系只是象征性的。因此，Crotty 自己也指出“这不是一个详尽的列表”。还要注意在 Crotty 的表述中（当然也是有争议的），案例研究被列为一种方法，而不是方法论或研究设计（本书就认为案例研究属于研究设计）。

专栏 9-1

认识论、理论视角、方法论和方法

认识论	理论视角	方法论	方法
客观主义 建构主义 主观主义及其变体	实证主义和后实证主义 解释主义 ● 象征互动理论 ● 现象学 ● 诠释学 批判性探究 女性主义 后现代主义等	实验研究 调查研究 民族志 现象学研究 扎根理论 启发式探究 行动研究 话语分析 女权主义立场研究等	抽样 测量和量表 调查问卷 观察 ● 参与 ● 非参与 访谈 焦点小组 案例研究 生活史 叙事 视觉民族志方法 统计分析 数据缩减 主题识别 对比分析 认知地图 解释性方法 文献分析 内容分析 会话分析等

资料来源：Crotty，1998，p. 5.

其他一些人，包括本书作者，对方法论、方法、理论和认识论之间的关系有不同的看法。这种观点可能具有较少确定性、更灵活或更实用的特征，认为有可能或确实需要采用一系列的方法论和方法。从这个角度看，很难想象一个无法用多种方式解决的研究问题，这一问题可能会揭示不同的事情，或者确认使用不同方法得到的结论。

然而，你的个人喜好可能对你选择的方法论和方法产生更大的影响。这与你过去的研究经验和更广泛的学习经验、你在特定领域已经具备的专业知识，以及你对其他领域的感知不足有关。例如，有些人反对或担心使用统计数据，有些人更喜欢与他们的受访者交谈，其他人则会做一切事情来避免与他人直接交流，而倾向“有距离”地进行研究。这些心态显然会让他们采用不同的研究方法。

如果你在学术或工作背景下进行研究，你的同事、经理和主管的偏好也会影响你的选择。然而，你可以利用案例研究来了解和练习你不熟悉的方法论和方法（包括使用数据分析软件）。

无论如何，在把更多精力投入你的研究项目和方法之前，你完全有必要考虑清楚选用什么方法论和方法。

9.3.1 区分方法论和方法

在实践中，“方法论”和“方法”这两个术语经常混用。但是，这两个术语有明显的区别。例如，Punch（1998，p. 3）将方法定义为“与某些研究问题或假设有关，用于收集和分析数据的技术或程序”，方法论则是“选择和使用特定方法背后的策略、行动计划、过程或设计，它将方法的选择和使用与期望的结果联系起来”。再来看第二个例子，Cohen，Manion 和 Morrison（2007）的观点略有不同：

> 我们指的方法是一系列途径……它们可以收集数据，用作推理和解释的基础，并用于解释和预测……如果方法指的是数据收集过程中使用的技术和程序，那么方法论的目的就是描述研究的方法、种类和范式。(p. 47)

虽然这些区别是有帮助作用的，但它们可能并不明确。例如，Cohen，Manion 和 Morrison 在对方法论和方法的定义中都使用了“途径”这一术语。

尽管如此，他们所采用的总体策略（即方法论）与用于实施的具体技术（即方法）的区别是相当清楚的，这就是本书对两者的界定。因此，从方法论开始来依次考虑方法论、方法是可行的。

9.3.2 两种方法论：实证主义和解释主义

如果你正在阅读研究方法论相关的文献，你很快就会发现，有大量的方法论已得到开发和应用（参见专栏 9－1 中的一些示例）。实际上，人们有时使用不同的术语表示基本相同的东西，或者关涉相对少数的研究者所采用的非常具体的研究方法。

因此，总体来说，我认为有两种主要的方法论：实证主义和解释主义。请注意，Crotty（1998，见专栏 9－1）将这些称为理论视角，并指出很多其他视角，如后实证主义、现象学和批判性探究。Farquhar（2012）认为批判现实主义是第三种方法论，它与实证主义和解释主义同为方法论。由于这些方法论要么不那么受欢迎，要么与实证主义或解释主义的本质特征密切相关或基本类似，所以我将聚焦于实证主义和解释主义这两种主要的方法论。

虽然这两种基本方法论可能（事实上经常如此）被看作存在竞争关系，但我不会将它们看作对立的或不相容的。虽然它们确实是两种对世界的不同思考和理解，但它们可以被同一研究者所应用（尽管研究者也许是为了理解不同种类的事物）。

这可以用两个常识性的例子来说明。坐飞机时，我很确信飞行员是以实证主义或者至少是后实证主义的方式进行操作。我们认为存在使用各种各样的仪器和通信设备的标准和“最佳”飞行方式，训练有素的飞行员都了解这些并会付诸实践。另外，听政治辩论时，我很愿意接受来自不同党派代言人的不同解释，也会支持不同的政策，每一方其实都有一定的道理，我不会认为其中一方的观点就是这个问题的“全部真相”。

因此，从研究的角度看，人们可能会采取实证主义的方法来揭示某一特定情况下通常被视为“事实”的东西。例如，人们每年的收入是多少，他们拥有多少辆汽车，拥有哪种汽车，这些变量之间的关系是什么。若从解释主义的角度来看同一个主题，人们可能希望知道：其他人对他们汽车的感受，以及某辆汽车对他们的意义。使用这两种方法应该能够全面地了解汽车主人的情况。

实证主义与所谓的科学方法密切相关，并以这样一种理念为基础：我们绝对可以了解我们的生活现实。后实证主义稍微调整了这种观点，认为虽然存在客观现实，但我们可能无法全面和明确地理解它，也许是因为我们无法观察它，也许是因为我们的智力不足。

对实证主义者或后实证主义者而言，研究的目的是增加人们对现实的认识和理解，在大多数情况下，这些发现或多或少会以累积的方式建立起来，但偶尔也会带来理解上的巨大飞跃（如达尔文的进化论或者爱因斯坦的相对论）。从传统上来说，在“硬”科学或“纯”科学中，研究通过观察、实验和测量来进行，提出假设并进行检验，建立理论框架来解释事物。显然，这对于与人类无关的现象，尤其是无生命的现象来说更容易。

然而，实证主义方法广泛用于研究人类与人类社会。大规模调查从本质上来说通常不是完全定量的，而被广泛用于衡量人的特质、意见、经验和看法，并采用多元统计技术对结果进行分析，以探索其中的关系和模式。

通过这些研究得到的模式可能是相关的，而不是因果性的。也就是说，我们不能直接从数字本身推断它们为什么是相关的，我们需要采用更多解释性的方法来理解这一点。尽管如此，这些研究（主要是因为它们的规模和数字表达的准确性）还是具有很大的影响力，特别是对政策制定者和资助者而言。

但是，这样的研究及其结果几乎不“客观”（我将“客观”一词放在引号中是因为它经常被随意地、不恰当地使用）。例如，关于测量什么和如何测量的决策可能会受到质疑；我们可能无法直接测量我们想要测量的东西，因而会选择测量其他东西作为替代；或者我们用来分析收集到的数据的统计方法可能不完全合适。

实证分析远未提供对研究者所研究问题的完整解释，由模型解释的变量可能并不多（事实上，它通常不到总方差的一半），这表明还有很多事情我们不明白。

除实证主义之外，解释主义为研究提供了另一种视角，并且在近几十年来越来越受到社会学家，特别是北美以外人士的欢迎。虽然这类研究的基本目的——增加人们的知识和理解，与实证主义研究基本一致，但它对于是否存在被认知的唯一客观现实，以及人们能否了解这一点的看法更加多样。

在理解人类和社会世界时，解释主义者认为，不同的个体对事物的看法可能不一样，在理解某一特定现象时也可能会有很多解释和立场。而且，考虑到大多数值得研究的现象是复杂和多方面的，解释主义者必须接受就某一特定的现象而言，不存在对各方都有说服力、能被各方接受、压倒一切的解释。

在解释主义研究中，数据收集和分析的规模可能较小，但力求更深入、更全面。它主要是定性的，并通过访谈或观察获取数据。研究者和被研究者可以通过彼此的互动共同创造数据，在这个过程中，研究者不断检查并复核，以确定他们是否理解被研究者正在做或说的事情。

然而，至少在我看来，尽管它与所有研究一样是不可否认的主观方法，但因此认为它是一种基本的主观方法是错误的。研究者对他们正在寻求的对象有一个相当清楚的概念，并且与实证主义研究一样，解释主义研究是建立在关于研究主题的已有实质性知识上的。

因此，解释主义研究者可能会比实证主义研究者更密切地接触他们的研究对象——参与者或受访者，研究可能也会少得多，但研究者会花更多的时间在收集或创建研究数据上。对于一些解释主义者来说，研究被看作研究者和被研究者的共享，他们都对研究的结果感兴趣，并且可能将其用于改善他们生活的某些方面。

以上对实证主义和解释主义的本质的简要总结，加上你之前的研究经验，可能会使你在进行案例研究时偏爱其中一种方法论，但我认为，采用其中一种或两种（按顺序或组合）方法论都是可能的。这不是一个明确的、生硬的二分法，而是可以有很多变形。

9.3.3 方法的选择：定性、定量还是混合？

决定了采用的方法论后，你还需要（至少暂时需要）考虑收集或创建案例研究数据所需要采用的具体方法。

与实证主义方法论和解释主义方法论一样，定量方法和定性方法通常被认为是根本不同的，甚至是相反的。一般来说，实证主义方法论与定量方法联系在一起，解释主义方法论和定性方法联系在一起。正如我们在其他章节看到的，有些作者有时将案例研究设计局限于定性方法，然而在我看来，这是误导。

我认为，这些作者是在用过于简单化的方式分析问题，而且在实践中，有定性和定量相互排斥的惯例。两者的关键区别可以简单地表述为：

> 定量研究是数据以数字形式存在的经验研究，定性研究是数据不以数字形式存在的经验研究。(Punch，2005，p. 3)

因此，定性方法可能关注数字之外的其他事物（例如文字、图片、图表等）。然而，仅仅关注数字或非数字是非常困难的。因此，定量研究者必须在分析和报告他们的工作时使用许多词汇；定性研究者经常会根据他们的样本比例（例如“最多”“多数”“约 1/3”等）来讨论他们的发现，即伪定量。

很难想象以完全定性或定量的方式进行和报告一项研究。因此，我们也可以从更积极的角度来考虑定量和定性之间的关系。数字、词语和其他表现形式能将替代性或互补性的信息传递给我们，我们也可以通过组合使用它们来获得更全面的理解。换句话说，我们应该使用混合方法。

接下来，我们依次讨论定性方法、定量方法和混合方法。

9.3.4 定性方法

我们已经提到 Punch 对定性研究的定义，即“数据不以数字形式存在的实证研究”（2005，p. 3）。然而，根据是什么和不是什么来定义某些东西不能完全令人满意。因此，定性研究的倡导者提出了更为积极的陈述或定义，例如：

> 定性研究是定位世界中观察者的活动。它由一系列解释性、物质性实践组成，目的是让人们更了解世界。这些做法改变了世界，并将世界变成了一系列表征，包括田野笔记、访谈、对话、照片、录音和备忘录……定性研究者在自然环境中研究事物，试图根据人们赋予现象的意义来理解或解释它们。（Denzin and Lincoln，2005b，p. 3）

在这里，Denzin 和 Lincoln 强调研究者在世界中进行研究，且处在感兴趣的“自然环境”中进行研究。然而，这个定义仍然是通过定量研究与定性研究的区别来建立的。定性研究发生在世界中、自然环境中，而不是发生在使用实验（即非自然）方法的实验室中。

定性研究把重点放在解释和创造意义上，以及对人（而不是对象或非人类生活）的研究上。定性研究者观察、参与、提问、倾听、记录和解释，以便了解正在发生的事情的意义。在这个过程中，研究者可以创建或使用各种各样的对象和数据形式，重点是形成或多或少有说服力的总体解释（而不是公式）。

Wellington（2015）也对定性研究进行了定义，有效地将其分解，并添加了一些要素。

> 定性研究有几个重要特征：
>
> 1. 它通常是一项探索性活动。
>
> 2. 数据通常是在一个真实的、自然的环境中收集到的，因此通常很丰富，并且具有描述性和广泛性。
>
> 3. 所涉及的人或其他生物是主要的研究“工具”。
>
> 4. 研究的设计会随着你研究的进展而出现或演变，这有时会导致焦点扩大或模糊，而有时会导致焦点缩小或尖锐化。
>
> 5. 使用的典型方法通常是观察、焦点小组、访谈、文献收集，有时是摄影或录像。
>
> 定性研究的这些特征导致了一个主要结论：定性研究产生大量数据。

(p. 259)

Wellington 将重点放在定性研究典型的探索本质上。你首先有一个想法、一个兴趣或一个问题，然后你开始探索它。虽然你可能有某种计划，但你的探索可能导致你的研究往意想不到的方向发展，而且随着研究的进行，研究和研究问题的本质甚至可能发生重大变化。

Wellington 还指出，定性研究不是产生大量数据的唯一方法。在我看来，这更多的是由收集数据的数量与收集细节的数量决定的。定量研究也可以产生非常详细和丰富的大量数据。

这些定义没有真正提到定性研究的一个方面（就像定量研究一样），这个方面我们可以称为“范围广泛”，也就是说，在这个标题下有很多种方法和技巧。Denzin 和 Lincoln（2005b，p. 23）在他们的定性研究手册中介绍的内容超过1 200页，包括广泛的研究策略、数据收集和分析方法（见专栏 9－2）。

专栏 9－2

定性研究中的研究策略、数据收集和分析方法

研究策略

- 设计
- 案例研究
- 民族志、参与观察、表演民族志
- 现象学、民族方法学
- 扎根理论
- 生活史、见证
- 历史方法
- 行动研究和应用研究
- 临床研究

收集和分析方法

- 访谈
- 观察
- 文物、文档和记录
- 可视化方法
- 自我民族志
- 数据管理方法
- 计算机辅助分析
- 文本分析
- 焦点小组
- 应用民族志

Denzin and Lincoln（2005b，p. 23）

这只是一个概述和总结，这些策略和方法可以进一步进行添加和拆分。例如，从案例研究的角度看，Denzin 和 Lincoln 认为案例研究是一种研究策略（类似于我说的研究设计），其他策略以及所有的方法都可以在案例研究设计中应用。

在这里，值得强调的是定性研究的另一个方面，即与定量研究相比，定性研究被认为缺乏严谨性。针对这一点，有些作者或实践流派试图制定指导实践的规则。专栏 9-3 给出了一个例子，Mason（1996）针对定性研究应该做什么和不应该做什么提供了一系列指导原则。虽然这种指导是有帮助作用的，特别是对新手来说，但它也可能相当教条，增加了不必要的限制。毕竟，Mason 的所有指导原则都可能被批判。

专栏 9-3

定性研究应该是什么？

- 定性研究应系统且严格地进行。
- 定性研究应该战略性地进行，同时具有灵活性并可情境化。
- 定性研究应该包括研究者批判性的自我检查或积极的反思。
- 定性研究应该针对智力难题提出社会性的解释。
- 定性研究应该提出社会性的解释，而且这种解释能以某种方式推广，或者说引发更广泛的共鸣。
- 定性研究不应被视为哲学和实践的统一体，其方法可以毫无疑问地组合起来。同样，定性研究不应被视为与定量研究对立或不能互补。定量方法和定性方法的区别并不完全清晰。
- 定性研究应该作为一种伦理实践，在其政治背景下进行。

Mason（1996，pp. 5-6）

当我们考虑不同的研究设计或策略是如何随着时间的推移而发展时，这一点就更显而易见了，替代性和竞争性学派的出现也是如此。本书的第 3 章已特别说明了它是如何影响作为研究设计的案例研究的，但这一点也适用于其他类型的研究。例如，我们可以采用 Denzin 和 Lincoln（2005b）提到的一种策略——扎根理论，这是一种在案例研究中经常使用的策略（参见第 6 章的讨论）。

扎根理论最初是由 Glaser 和 Strauss（1967）提出来的，在其最初的表述中，研究者在没有任何先入之见的情况下探索某个特定主题，审查他们收集的数据，获得初步结果，然后收集更多数据以检查或修改它们。然而，Glaser 和 Strauss 在开发和实践扎根理论的最佳方式方面存在意见分歧，Glaser 坚持原来的观点，Strauss 则与新的合作者一起开发了一个限制较少的替代方案（Strauss and Corbin，1990）。现在这一替代方案也被取代了，因为原作者的职业生涯已经接近尾声，Charmaz（2006）提供的可能是现在最流行的观点。

9.3.5 定量方法

与定性研究相比，定量研究可能看起来更直接明确。但是，仅仅将定量研究理解为关乎数字是不合理的，就像定性研究被界定为不关乎数字是不合理的一样。关于定量研究的本质，这里有一个更广泛、更全面的观点。

Bryman（2004）指出了定量研究的四个关键要素：测量、因果关系、概括和重复。

> 定量研究关注测量的主要原因有三个。测量可以让我们根据研究的特征，描述人与人之间的细微差别……测量为我们做出这种区分提供了一致的工具或标准……测量为我们更精确地估计概念之间的关系奠定了基础……定量研究者很少只关心描述，他们也热衷于说明为什么事物是这样的……在定量研究中，研究者通常关心的是让其研究发现可以推广到所研究情境之外……在社会调查研究中，这种关注体现在研究经常关注如何获得具有代表性的样本……与自然科学家研究自然秩序相比，社会科学家在研究社会世界时缺乏客观性，受到研究者自身价值观影响的可能性也要大很多。因此，有一点就变得很重要，研究者要清楚地说明其研究程序，以便它们能够被他人重复。（p. 66，75－77）

测量、因果关系、概括和重复这些关键要素可能与某些定性研究者提出的要素相似。因此，Mason（1996，见专栏 9－3）提出了系统性和严谨性以及“能以某种方式概括”的解释的重要性。但是，因为研究关注的是定量而不是定性，精确性和代表性问题就越来越突出。

然而，当研究者研究人类和社会世界时，这些要素和问题会表现出各种不同的形式，定量研究者很难去证明（尽管有些人仍然这样做）他们正在“客观地”寻求“事实”。例如，测量人们的态度和看法并不像测量他们的身高或体重那么简单。定量研究者可能会为了这些目的开发工具和量表，但是对于他们是否正在测量正确的事情往往是有争议的，被调查者的解释通常会有所不同。

即使定量研究者正在开展的是精心构建的实验研究（在社会研究中，这种方法并不常见，部分是伦理方面的原因），得到的因果关系也可能存在问题。定量数据分析可以揭示特定变量之间的相关性，但不能确定这些变量之前是否存在因果关系，这是因为研究的变量与其他变量都相关，或者是因为被误导，这些都需要进一步（可能以定性的方式）进行研究。

与定性研究一样，定量研究也是一个有争议的广泛领域。对定量研究者来说，他们有大量的多元统计方法或技术可用（至少是有可能使用）。专栏 9－4 提供了一个这方面的列表，这个列表的关键内容是定量方法的复杂程度各不相同。

较为简单的技术，如频率和比例、平均值和范围，以及评估变量之间可能存在何种关系的交叉列表（例如，评估男性和女性或不同年龄段的人对特定话题的态度或看法是否不同)，可能非常有启发性。这些技术足以解决你的研究问题，任何定量研究者都应该了解和掌握它们。

然而，那些希望更深入地分析大型数据的定量研究者可以使用大量更复杂的多变量统计技术。例如，使用推论统计、回归分析、结构方程模型和因子分析。虽然这些技术对某些人来说可能不那么容易理解，但它们的基本原理并不难理解，而且都得到了广泛使用的软件的支持。相比之下，对案例研究者来说，关键问题是他们的研究是否产生了足够的量化数据以让他们的研究更有价值。

专栏 9-4

定量分析的形式

简单的定量分析形式

- 频率
- 比例和百分比
- 表格与图表
- 集中趋势测量（平均值）
- 离散程度测量（范围）
- 交叉列表

复杂的定量分析形式

- 回归分析和相关分析
- 方差分析
- 判别分析
- 结构方程模型
- 因子分析
- 聚类分析
- 推论统计

9.3.6 混合方法

鉴于定性方法和定量方法经常被错误地置于对立面或二分化，有必要强调它们之间的相似性和潜在的重叠。正如Punch（2005）指出的：

> 定量研究被认为更关注以演绎的方式对假设和理论进行检验，而定性研究更关注探索一个主题，并且通过归纳产生假设和理论。虽然这种看法通常是正确的，但这些刻板印象可能过头了。(p. 235)

定性方法和定量方法之间潜在的重叠，以及它们给彼此提供的支持，在混合方法中更为清晰。虽然有些人仍然认为定性方法和定量方法在某种意义上是不相容的，但是更务实的研究者越来越提倡将两者联合起来使用（Tashakkori and Teddlie，1998，2010；Teddlie and Tashakkori，2009；参见第 6 章关于组合研究设计的讨论）。

当然，在实践中，定性方法和定量方法可以以多种方式使用或混合使用，通常其中一个占主导地位。不同方法的使用顺序也会有所不同，例如，研究项目的第一部分可能是进行数量有限的针对性访谈，以确定大规模调查中要提出的问题，并测试其措辞。或者，如果问卷调查对象愿意接受后续访谈，可以要求他们提供联系方式，目的是明确和获得他们回答问题的更为详尽的细节。

定性方法和定量方法也可以同时使用。例如，可要求被调查者在访谈之前、期间或之后填写一份简短的问卷，以获得他们的人口统计或其他详细信息。问卷调查可能包含多种类型的问题，其中一些要求被调查者从给定的列表中标出符合他们情况的选项，另一些则允许他们以开放的方式单独回答问题。可能还有许多其他变化形式。

Dunning 等人（2008）在健康地理案例研究中使用了混合方法，具体来说包括定性访谈和定量电话调查。有趣的是，在分析访谈和问卷调查中的四个共同问题后，他们得到了有分歧的结论，而不是一致确认的结果。这可能会导致某些人质疑使用定性方法和定量方法来证实或三角测量证据。然而，对于 Dunning 等人来说，这种分歧并不出人意料，这表明了访谈和调查方法的不同优势、研究问题的复杂性，以及使用单一的方法可能会有点简单化。他们的结论是：

> 在本研究中使用混合方法有七个明显的优势：(1) 它确定了在将来的迭代调查中可能添加的问题；(2) 它揭示了参与者在调查和访谈中回答问题是如何变化的；(3) 它揭示了邻域条件定义的变化；(4) 它提醒我们需要获得其他数据来源；(5) 它让我们对要研究的问题有了更全面的了解；(6) 它揭示了人们对邻域的界定如何变化；(7) 它揭示了人们对友善的界定如何变化。使用混合方法是一个迭代过程，因此这里列出的优势并非详尽无遗。(p. 155)

他们为其他人使用混合方法提出了四条准则：

1. 定义研究目的和问题。
2. 有意识地选择使用混合方法设计。
3. 提前做好可能会得到不和谐的结果的心理准备。
4. 要清楚（“透明”）所采用的方法论：(1) 混合方法项目设计；(2) 获得确认或理解；(3) 解释确认或“未确认”（不和谐）的结果。(p. 156)

抛开“混合方法设计”似乎是相当不错的研究指南。

9.4 收集和分析数据

决定了你的方法论，以及将用于案例研究数据收集的方法之后，接下来应该进行数据收集和分析。我在这里特意将数据收集和数据分析放在一起，是因为从逻辑上看，需要先等全部（或者至少大部分）数据收集之后，才能开始数据分析。但在实践中，只要你有一定数量的数据，选择开始分析就可能是明智的做法。

事实上，除非你是一个非常自律的人，否则一旦你收集了一些数据，你就不可能不去想这些数据意味着什么。不要担心，这种初步分析可以帮助确认你的路线是正确的，以及揭示仍然有时间和资源去收集更多数据这种情况带来的好处。

就数据收集而言，至少有两条黄金法则。第一条是收集数据花费的时间总是比你想象的更长：获得访问权和伦理许可可能导致延迟，约定可能需要推迟或重新安排应答率最初可能不高，文档可能也很难找到，等等。因此，制定你研究项目不同方面的工作计划时，允许延迟或有一定灵活性是必要的。

第二条黄金法则是在你项目的时间和资源允许范围内，尽量多收集一些数据，而且你应该刻意去这样收集数据。毕竟，没有比足够的数据能让你感觉更舒适的。然后，你可以更有选择性地选择要分析的内容，并且在当前项目完成后为后续分析保留数据。

9.4.1　案例研究专家的分析指南

Yin（2009）和Swanborn（2010）对分析案例研究的不同策略进行了评价。这些评价特别有意思，尤其是Swanborn拓展了Yin的分类。即便如此，在我看来，两者都没有涵盖所有的可能性（参见下一小节）。

Yin（2009）强调需要有一个分析策略，并指出：

> 对案例研究证据的分析是案例研究中最不成熟和最困难的方面之一。很多时候，研究者开始进行案例研究，却没有关注如何分析证据，哪怕是最模糊的概念证据。（p.127）

他推荐和讨论了五种分析技术：模式匹配、解释构建、时间序列分析、逻辑模型和跨案例综合。这些在专栏9－5中有更详细的概述。在这一分类中，有两点应该注意。第一点，它们基本上都是模式匹配技术的变体，Yin自己也承认这一点。换句话说，基本分析策略就是将在所研究案例中观察到的内容与所期望（出于理论或逻辑上的原因）或在其他地方观察到的情况（例如在另一案例中）进行比较。

第二点，尽管他认为定性或定量数据都可以进行分析，但他所采用的语言和逻辑本质上是属于后实证主义的，且主要来自经典的科学方法（参见Boblin et al.，2013）。Yin的策略涉及对案例进行仔细分析，以提供证据来支持既定的期望或解释。

Swanborn（2010）将他所称的案例研究分析“传统”分成五类：

> 鉴于“案例研究”的定义，案例研究数据分析领域的研究文献相当多样化。粗略地说，我们区分了五种传统：
>
> 1. 根据Yin的说法，分析在变革的组织中收集的数据。

2. 分析在定性传统中收集的数据，特别是 Strauss 和 Corbin 的扎根理论方法。

3. 根据 Miles 和 Huberman 的工作进行数据分析和展示。

4. 时间序列分析。

5. 根据 Ragin 的方法，使用布尔逻辑和模糊集合理论进行数据分析。(pp. 114 - 115)

同样，这些在专栏 9 - 5 中有更详细的解释。

专栏 9 - 5

Yin 和 Swanborn 的案例研究分析

1. Yin（2009）的观点

模式匹配

对于案例研究分析来说，最理想的技术之一是使用模式匹配逻辑。这种逻辑将基于经验的模式与预测模式（或有几种可供选择的预测）进行比较。(p. 136)

解释建构

解释建构过程……很可能是一系列迭代的结果：

- 针对政策或社会行为，提出初步的理论陈述或命题。
- 将初步的案例发现与这种陈述或命题进行比较。
- 修改陈述或命题。
- 将案例的其他细节与修改后的陈述、命题进行比较。
- 将修改后的陈述、命题与第二个、第三个或更多的案例中的事实进行比较。
- 根据需要多次重复此过程。(p. 143)

时间序列分析

重要的……目标是随着时间的推移研究关于事件关系的一些“如何”和“为什么”问题，而不仅仅是观察时间趋势。(p. 148)

逻辑模型

逻辑模型细致分析很长一段时间内事件的复杂关系链。事件处在重复的因-果-因-果模式中，前一个阶段的因变量（事件）在后一个阶段成了自变量（因果事件）。(p. 149)

跨案例综合

无论单个案例研究先前是独立研究（由不同的人完成），还是同一研究预先设计的部分，研究者都可以进行跨案例综合。(p. 156)

2. Swanborn（2010）的观点

Yin 的说法是在变革的组织中完成的研究（如上面提到的五种方法）

Yin 的方法完全符合经验-分析的传统。(p. 115)

分析在定性传统中收集的数据

在这个范畴内，我们把象征性的互动主义以及现象学的、民族志的方法和许多其他方法联系起来。(p. 117)

根据 Miles 和 Huberman 的工作进行数据分析和展示

他们建议，原则上将在案例研究框架内收集的所有数据（通过多种来源收集，如文档、信息提供者、观察）放在临时的“庞大矩阵”中。然而，这个矩阵中的单元格并不是用数字填充的，而是由各种书面概念构成的：引用语、缩写词、首字母缩略词等。(p. 122)

时间序列分析

这种数据分析起源于健康科学和心理学，并以对少数精确的变量进行反复测量为基础。在实验环境中，通过监测患者或客户的某些重要的健康变量来研究药物或干预的效果是这类研究的核心。(pp. 123 - 124)

根据 Ragin 方法进行数据分析

Ragin 使用布尔逻辑来揭示现象在哪种条件组合下出现。通过这种方式，他试图根据来自少数单位的数据得出因果结论…… Ragin 的“模糊设定法”也被用于在有限数量的案例中分析因果关系。(pp. 91，93)

Swanborn 的分类主要与特定的研究者和学科相关。事实上，他的第一个分类得益于 Yin 的分类，即 Yin 所确定的案例研究分析的五种方法，这一点我们先前讨论过。有趣的是，Swanborn 的一个分类——时间序列分析，与 Yin 的一个分类名称相同，但两位所说的是不同的事情，Swanborn 的时间序列分析关注的是医疗保健和心理学领域的定量研究。

Swanborn 的分析表明，不同的学科领域中已经形成特定形式的案例数据分析方法。虽然其中的每一种方法都没有在初始学科之外广泛使用，但正如 Swanborn 指出的，只要收集的数据合适，完全可以采用其他学科领域的案例数据分析方法。

9.4.2　其他方法

Yin 和 Swanborn 所做的工作是找出案例研究数据分析方法并将其分类，这些方法在特定学科领域已非常流行。然而，他们的方法列表并未详尽无遗，因为任何形式的定性或定量分析都（至少可能）适用于案例研究数据分析。唯一限制这些方法使用的是在特定案例中收集的数据的数量和性质与所选的分析形式对数据的要求是否相符。

专栏 9 - 1、专栏 9 - 2 和专栏 9 - 4 列出了许多比较流行的可应用于案例研究数据的定性和定量分析方法，与 Yin 和 Swanborn 的分类一样，它们也不是详尽无遗的。关于定性和定量数据分析的一般图书（本章末尾的重要文献给出了一些例子），以及专注于特定分析技术的图书能提供更多的细节。

9.4.3　使用软件进行分析

在深入分析案例研究中收集的数据之前，需要牢记的一个关键问题是考虑是否使用计算机软件。在定量研究中，毫无疑问的是，当收集到的定量数据的数量超出了可承受的范围时，必须使用软件来分析。对于大型数据，除了最基本的分析之外，任何工作都非常耗时，并且容易出现人为错误。现在有很多成熟的软件包，如 SPSS 和 Matlab 等，它们易于学习和使用，可以快速进行极其复杂的分析，并提供大量的输出结果以供采用。

到目前为止，就定性数据分析而言，软件还没有那么发达，但正在快速发展。现在已经有了像 Atlas. ti 和 NVivo 这样的定性软件包，很多有经验的定性研究者都在使用。许多定性研究者，特别是那些经验不太丰富的人，仍然选择或倾向于手动进行分析。对于一个相对较小的案例研究来说，手动分析可能是一个节省时间的方法，但对于那些从事大型研究或多案例研究的人或者觉得自己以后会不断进行定性研究的人来说，他们至少可以试试定性软件。

如果你不能或无力购买相应的专业软件分析包，请记住标准的计算机软件包（如 Word 和 Excel）也可为这种分析提供相当大的便利。

还有一点需要记住的是，无论你是进行定量分析还是定性分析，如果你正在使用计算机软件进行分析，你仍然有必要手动进行部分数据分析。这会让你对正在进行的分析有更好的感知，也可以让你对软件分析的结果进行检查，并判断结果是否合适。

9.5 报告你的结果

完成你的案例研究后（希望研究成功），你还有两个关键的工作要做：评估你所取得的成果的价值，然后写出来加以发表或传播。如果想要你的研究有更广泛和更长久的影响，这两者都很重要，后者尤其重要。

9.5.1 评估你的工作

许多案例研究图书的作者提供了用于评估已完成案例研究的价值的列表。当然，这些列表还可以用来评估已经发表的案例研究（参见第 4 章和第 7 章的讨论），以及你自己的案例研究。第 4 章“什么使得案例研究有意义”一节中讨论过两个例子（Thomas，2011a；Yin，2009），除了这些，还可以考虑四个关键问题：

- 你能理解研究者做了什么以及为什么做吗？
- 研究者对研究发现的解释看起来合理可靠吗？
- 你能把这个案例研究与其他有关这个主题的研究联系起来吗？
- 这项研究提供了合理的改变行为或未来研究方向吗？

这些问题随后可用于对一些已发表的案例研究进行评估。

这些列表提供了一组有用的问题，你可以用来尝试评估你自己的案例研究的价值。如果你发现在这些问题上很难得到一个客观的结果，你可以问自己：如果你重新开始这一案例研究，你的做法会有什么不同？

评估你的工作时，你不需要完全依靠自己对所做工作的重要性、质量等的评估。寻求他人的意见也很有意义，比如了解你的同事、朋友和其他研究者的意见。让他们了解你和你从事的工作，而且准备阅读你的草稿，与你讨论，并就需要改进之处以及如何改进提出建议。当然，这与下一小节的主题“撰写及发表”密切相关。特别是如果你缺乏发表经验，那么在发表之前，尽可能多地获得指导是非常重要的。

9.5.2 撰写及发表

当然，撰写及发表案例研究也是评估案例研究质量的一种方式。在这一过程中，通常会由一名或多名拥有你研究领域的专业技能和知识的人员或审稿人对你的工作进行评判。学术出版采用的是竞争性做法，几乎总是要求作者根据审稿人提出的意见对最初起草的内容进行重大修改，以便发表。在一种知名的学术期刊上成功发表文章是一项重大成就，也是研究质量的强有力证明。

由于撰写和发表的聚焦本质和它们需要提出更具普遍意义的论点，现实中存在一些困难：

> 要让案例研究适合在学术期刊上发表，写作的难度会很大。当为了这一目的报告案例研究时，遵循公认的案例研究报告结构（最好是在该领域已经发表的案例研究文献中使用过的报告结构）将会非常有帮助。这有助于潜在的审稿人理解研究及其结果。示范性的案例研究论文也可以用作案例数据和结果呈现的模板。（Darke，Shanks and Broadbent，1998，p. 286）

正如Darke，Shanks和Broadbent所指出的，撰写案例研究继而将其发表的一个明显方法就是参考前面的例子（参见第4章和第7章）。无论你试图发表什么类型的案例研究，例如学术期刊文章、图书章节、报告、会议论文或学位论文，都有现成的成功例子供你学习。如果可以，你最好参考特别好的例子（也许还有特别糟糕的例子）以获得建议；或者，如果你无法获得任何建议，你就应该关注那些被引次数多的例子（通常是正面的，但有时是负面的）。你应该关注这些研究的内容组织方式是如何将研究分为几个部分的，以及不同部分的内容是如何达到平衡的。你还要注意所用的语言、引用其他文章的方式，以及作者是如何提出自己观点的。

另外，还有一些写作时可以参考的指南。例如，Pan和Tan（2011）建议案例研究论文应该包含六个部分：引言、文献综述、研究方法、结果、讨论和结论。这是撰写案例研究时可以采用的完全合理的结构，它也是完全通用的，对于许多其他类型的研究来说就是如此（有不少关于学术论文写作的文献，例如参见Murray，2013）。

Lyons（2009）提出了他所谓的规范性方法，用于发表高等教育领域中关于信息和通信技术促进学习的案例研究。虽然这可能看起来是一个非常具体的研究领域，但它所给出的指南本质上相当通用，在其他许多情况下也可以应用。他认为：

> 案例研究的内容应该框架化，以便于分析。单个案例研究可能会提供一小部分提供见解的数据，但也为理论贡献提供了基础。(p. 30)

然后，他提出了报告案例研究的七阶段方法：对组织背景的讨论；对所发生的事情的描述；项目技术规范；关于教育学的讨论；实施；评价；对数据的局限性的描述。它们也适用于报告其他学科领域的其他种类案例研究。不过，如果你认为另外一种结构更适合你的案例，你也可以大胆地放弃这些公式化的方法。

如果你正在寻找学术出版物，并确定了期刊（可能只是少数期刊），希望在这些期刊上发表你的论文，那么在你提交论文之前，你还需要做两件事。

第一，访问期刊网站，网站会有针对所有相关事项的指南，包括期刊的重点和范围、主编和编委会、字数要求、符合要求的章节标题和认可的参考文献格式等详细信息。可能还会有一个 PDF 文件，标题为“作者指南”或类似的东西，你可以下载和学习。你应仔细阅读所有这些内容，并接受它们的指导。主编或编辑也可能愿意回答潜在作者的直接询问。

第二，阅读该期刊最近刊发的文章，理想情况下最好是能阅读最近十年刊发的文章。这对判断该期刊刊发的文章是否与你的研究相关至关重要，也能确保你在文章中引用该期刊的相关文章，并将它们列为参考文献。如果你不这样做，就可能不太礼貌，并且会让该期刊对你作为研究者的缜密性产生怀疑。毕竟，要不是该期刊刊发的文章与你的主题、兴趣直接相关，你为什么要将文章投给该期刊？

如果你正在寻求学术出版物，你要做好遇到挫折的准备，但不要让它们妨碍你。学术审稿人可能会非常严格，许多学术期刊的拒稿率都很高。但是，如果你坚持不懈，重视审稿人对你的评审意见，那么你很有可能在未来的某个时间点发表文章。

9.6 小 结

在本章中，我们：

- 讨论了实证主义方法论和解释主义方法论的本质。
- 回顾了可用于开展案例研究的定性方法、定量方法和混合方法的范围。
- 指出了定性方法和定量方法在许多相同问题上存在重叠。因此，在实践中可以考虑采用混合方法。
- 介绍了数据收集和分析方法的实用性。
- 强调了在完成案例研究后，撰写、报告和发表你的发现的重要性。

9.7 重要文献

Black, T (1999) *Doing Quantitative Research in the Social Sciences: An integrated approach to research design, measurement and statistics*. London, Sage.

Bryman, A (2012) *Social Research Methods* (4th edition). Oxford, Oxford University Press.

Cohen, L, Manion, L, and Morrison, K (2011) *Research Methods in Education* (7th edition). London, Routledge.

Denzin, N, and Lincoln, Y (eds) (2005) *The Sage Handbook of Qualitative Research* (3rd edition). Thousand Oaks, CA, Sage.

Hamilton, L, and Corbett-Whittier, C (2013) *Using Case Study in Education Research*. London, Sage.

Hancock, D, and Algozzine, B (2011) *Doing Case Study Research: A practical guide for beginning researchers* (2nd edition). New York, Teachers College Press.

Thomas, G, and Myers, K (2015) *The Anatomy of the Case Study*. London, Sage.

Vaus, D de (2002) *Analyzing Social Science Data: 50 key problems in data analysis*. London, Sage.

第 10 章
结 论
Conclusion

10.1 引 言

最后一章的目的是简要总结本书中的讨论，并对作为一种研究设计的案例研究的未来进行展望。因此，这一章包含两个主要部分。

在第一部分，我们列出了本书提出的所有观点。在第二部分，我们主要关注案例研究未来的发展方向。

10.2 案例研究的现状

本书讨论了：

- 案例研究的本质。
- 关于案例研究的争论。
- 作为研究设计的案例研究的价值。
- 案例研究在各种不同学科中的广泛使用。
- 案例研究与其他研究设计的结合使用。
- 从已发表的案例研究中我们可以学到什么以及如何学习。
- 开展案例研究所涉及的实际问题。

在界定什么是案例研究、什么不是案例研究时，需要特别小心。虽然所有的研究都可以说是案例研究，但这并不意味着所有的研究项目都是案例研究。案例研究涉及对特定案例或若干案例的研究（多案例研究），这些案例复杂且有边界，研究者需要在其本来的自然情境中进行研究并进行全面的分析。案例研究是有意义的小规模研究。

在考虑案例研究的例子时，要关注三个主要因素：它们关注单个案例，还是涉及两个或两个以上案例的比较研究；它们仅限于描述还是与理论有关；它们的目的主要是支持教学还是支持研究。本书的重点在于用于研究的案例研究。

案例研究有着悠久的历史，具体说是有一个多世纪的历史。因为案例研究的规模小，所以尽管案例研究主要被视为一种定性研究设计，但它同样可以采用定量的数据收集和分析方法。

纵观案例研究的历史，其与许多其他研究设计一样，一直是饱受争议的话题。对于其支持者来说，案例研究具有相当大的优势——详细、深入、特别；

采用全面的方法，而不是聚焦在有限数量的变量上；所研究的案例可能是典型的或示范性的，或者是关键的或极端的；有边界，且是小规模的，因此对于从事小规模研究的研究者来说更可行。

另外，案例研究的批评者认为其缺乏概化能力、可靠性和有效性。在这些方面，与支持经典科学方法的实证研究和定量研究设计相比，案例研究是有不足的。从事案例研究的研究者必须接受这些批评，确保并重视研究的可信度、可靠性、可转移性和可证实性。

案例研究是有意义的小规模研究，我们可以从以下几个方面来评估案例研究的意义：

- 了解研究者做了什么以及为什么这样做。
- 研究者对研究发现的解释看起来合理可靠。
- 案例研究在研究主题上与其他研究有关。
- 研究提供了合理的改变行为或未来研究方向的建议。

案例研究作为一种研究设计，在很多主学科和子学科领域得到了广泛的应用，其中最值得关注的是商业和管理、教育和健康等领域，当然也包括发展学、信息系统、法学、图书馆和信息研究、社会工作等其他应用学科领域，以及地理和环境研究、哲学、政治学、心理学和社会学等其他基础学科领域。

案例研究与多种其他研究设计的组合也得到了广泛的应用，显示了其灵活性和便利性。这些研究包括行动研究和其他参与式研究、复杂性科学和网络理论、建构主义和批判现实主义、内容分析、民族志、评估、实验、扎根理论、调查、系统设计和时间序列设计。

无论你是否正在进行案例研究，你都可以从已发表的案例研究中学到很多东西。它们可以让你了解研究设计、方法论和方法，让你了解理论框架，比较你的做法、研究发现和结论，让你能够进一步概括。因为有成千上万的已发表案例研究可用，所以你需要仔细搜索最符合你兴趣的案例研究。你可以通过搜索引擎、阅读现有的元分析、系统回顾和文献综述，以及借助已发表的文章、图书、报告及会议论文和学位论文来完成。

开展案例研究涉及的问题和过程与其他形式的研究基本相同。开始时，研究者必须考虑他们希望解决的问题，并为项目制定一个可行的计划。同时，考虑案例的抽样和选择问题、如何获取访问权的问题，以及伦理方面的问题。

案例的环境、边界和分析单位也需要界定。尤其如果是从事学术研究，研究者更需要思考研究的理论框架和目标。同时，在不同的方法论（实证主义或解释主义）和方法（定性、定量或混合）中做取舍，然后确定下来结果并给出合理的解释。

之后，研究者需要考虑是否存在数据收集的过程。比如，是收集一手数据还是收集二手数据？如何分析数据？是否需要使用软件包？最后，考虑案例研究完成后要做的事情：撰写、展示和寻求发表平台。

总而言之，案例研究一直是（现在仍然是）一个强大、灵活和成功的研究设计。对于那些对深入的小规模研究感兴趣或受限于深入的小规模研究的人来说，案例研究可能是一个理想的选择。仔细深入地开展案例研究可以得到有意义的发现。随着时间的推移，这些都可以通过进一步的案例研究或已发表的案例研究与其他形式的研究的比较来实现。

10.3 未来发展方向

显然，案例研究的发展前景非常好，在全球范围内也拥有很多忠实的实践者，这些实践者分布在诸多学科中，会让案例研究发展得更繁荣、更深远。但是，我们是否可以预见这种进一步的发展会有特别的方向？我从三个方面进行了大胆的预测，尽管这只代表我对如何开展案例研究的寄托，但至少案例研究未来的发展会和我认为的一样。

首先，虽然案例研究领域已经取得相当大的进展（见第 7 章），但我希望未来能看到更多对已经完成和发表的关于特定主题的案例研究的元分析和系统回顾。事实上，可以将特定主题的案例研究的结果与其他研究设计的结果结合起来，并进一步拓展。

其次，与最后一点相关，更多地将案例研究与其他研究设计结合起来使用将会更有价值（见第 6 章）。这将有助于强化研究，并大大增加其可接受度和解释力。

最后，我们会看到更多利用案例研究设计的比较研究，这意味着研究者会更多地使用多案例研究设计，我们也呼吁在国际研究中更多地使用案例研究。

然而，无论案例研究在这些方向上发展，还是在其他方向上发展，它作为有价值和有意义的研究设计的地位在可预见的将来都是无法撼动的。

参考文献

Abbato, S (2015) The Case for Evaluating Process and Worth: Evaluation of a programme for carers and people with dementia. pp. 107–131 in J Russell, T Greenhalgh, and S Kushner (eds) *Case Study Evaluation: Past, present and future challenges*. Bingley, Emerald.

Achen, C, and Snidal, D (1989) Rational Deterrence Theory and Comparative Case Studies. *World Politics*, 41, 2, pp. 143–169.

Adams, J, Cochrane, M, and Dunne, L (2012) Introduction. pp. 1–10 in J Adams, M Cochrane, and L Dunne (eds) *Applying Theory to Educational Research: An introductory approach with case studies*. Chichester, Wiley-Blackwell.

Adams, J, and Tyson, S (2000) The Effectiveness of Physiotherapy to Enable an Elderly Person to Get Up from the Floor: A single case study. *Physiotherapy*, 86, 4, pp. 185–189.

Adelman, C (2015) Case Study, Methodology and Educational Evaluation: A personal view. pp. 1–18 in J Russell, T Greenhalgh, and S Kushner (eds) *Case Study Evaluation: Past, present and future challenges*. Bingley, Emerald.

Adelman, C, Jenkins, D, and Kemmis, S (1976) Re-thinking Case Study: notes from the second Cambridge conference. *Cambridge Journal of Education*, 6, 3, pp. 139–150.

Alvesson, M (2003) Methodology for Close Up Studies: Struggling with closeness and closure. *Higher Education*, 46, 2, pp. 167–193.

Anaf, S, Drummond, C, and Sheppard, L (2007) Combining Case Study Research and Systems Theory as a Heuristic Model. *Qualitative Health Research*, 17, 10, pp. 1309–1315.

Anckar, D (2007) Selecting Cases in Cross-national Political Research. *International Journal of Social Research Methodology*, 10, 1, pp. 49–61.

Anderson, R, Crabtree, B, Steele, D, and McDaniel, R (2005) Case Study Research: The view from complexity science. *Qualitative Health Research*, 15, 5, pp. 669–685.

Andrade, A (2009) Interpretive Research Aimed at Theory Building: Adopting and adapting the case study design. *The Qualitative Report*, 14, 1, pp. 42–60.

Anthony, S, and Jack, S (2009) Qualitative Case Study Methodology in Nursing: An integrative review. *Journal of Advanced Nursing*, 65, 6, pp. 1171–1181.

Arnold, D (1970) Dimensional Sampling: An approach for studying a small number of cases. *The American Sociologist*, 5, 2, pp. 147–150.

Atkinson, P, and Delamont, S (1985) Bread and Dreams or Bread and Circuses? A critique of 'case study' research in education. pp. 26–45 in M Shipman (ed.) *Educational Research: Principles, policies and practices*. London, Falmer.

Ayres, L, Kavanaugh, K, and Knafl, K (2003) Within-case and Across-Case Approaches to Qualitative Data Analysis. *Qualitative Health Research*, 13, 6, pp. 871–883.

Baines, D, and Cunningham, I (2013) Using Comparative Perspective Rapid Ethnography in International Case Studies: Strengths and challenges. *Qualitative Social Work*, 12, 1, pp. 73–88.

Bair, C (1980) Teaching Community Diagnosis to Medical Students: Evaluation of a case study approach. *Journal of Community Health*, 6, 1, pp. 54–64.

Barzelay, M (1993) The Single Case Study as Intellectually Ambitious Inquiry. *Journal of Public Administration Research and Theory*, 3, 3, pp. 305–318.

Bassey, M (1981) Pedagogic Research: On the relative merits of search for generalization and study of single events. *Oxford Review of Education*, 7, 1, pp. 73–94.

Bassey, M (1983) Pedagogic Research into Singularities: Case studies, probes and curriculum innovations. *Oxford Review of Education*, 9, 2, pp. 109–121.

Bassey, M (1999) *Case Study Research in Educational Settings*. Buckingham, Open University Press.

Bassey, M (2001) A Solution to the Problem of Generalisation in Educational Research: Fuzzy prediction. *Oxford Review of Education*, 27, 1, pp. 5–22.

Bates, M (2008) The Responsive Case Study: Action research and action learning in short courses. *Educational Action Research*, 16, 1, pp. 97–108.

Battleson, B, Booth, A, and Weintrop, J (2001) Usability Testing of an Academic Library Website: A case study. *Journal of Academic Librarianship*, 27, 3, pp. 188–198.

Baxter, P, and Jack, S (2008) Qualitative Case Study Methodology: Study design and implementation for novice researchers. *The Qualitative Report*, 13, 4, pp. 544–559.

Benbasat, I, Goldstein, D, and Mead, M (1987) The Case Research Strategy in Studies of Information Systems. *MIS Quarterly*, September, pp. 369–386.

Bennett, A, and Elman, C (2006) Qualitative Research: Recent developments in case study methods. *Annual Review of Political Science*, 9, pp. 455–476.

Beverland, M, and Lindgren, A (2010) What Makes a Good Case Study? A positivist review of qualitative case research published in *Industrial Marketing Management*, 1971–2006. *Industrial Marketing Management*, 39, 1, pp. 56–63.

Black, T (1999) *Doing Quantitative Research in the Social Sciences: An integrated approach to research design, measurement and statistics*. London, Sage.

Blaxter, L, Hughes, C, and Tight, M (2006) *How to Research*. Maidenhead, Open University Press.

Blencowe, N, Blazeby, J, Donovan, J, and Mills, N (2015) Novel Ways to Explore Surgical Interventions in Randomised Control Trials: Applying case study methodology in the operating theatre. *Trials*, 16, 589, 9pp.

Boblin, S, Ireland, S, Kirkpatrick, H, and Robertson, K (2013) Using Stake's Qualitative Case Study Approach to Explore Implementation of Evidence-based Practice. *Qualitative Health Research*, 23, 9, pp. 1267–1275.

Bonoma, T (1985) Case Research in Marketing: Opportunities, problems and a process. *Journal of Marketing Research*, 22, 2, pp. 199–208.

Borgatti, S, and Halgin, D (2011) On Network Theory. *Organization Science*, 22, 5, pp. 1168–1181.

Bosch, M, van der Weijden, T, Wensing, M, and Grol, R (2007) Tailoring Quality Improvement Interventions to Identified Barriers: A multiple case analysis. *Journal of Evaluation in Clinical Practice*, 13, 2, pp. 161–168.

Braun, V, and Clarke, V (2006) Using Thematic Analysis in Psychology. *Qualitative Research in Psychology*, 3, 2, pp. 77–101.

Brennan, K (1988–89) The Influence of Cultural Relativism on International Human Rights Law: Female circumcision as a case study. *Law and Inequality*, 7, pp. 367–398.

Brewer, J (2000) *Ethnography*. Buckingham, Open University Press.

Bryar, R (1999) An Examination of Case Study Research. *Nurse Researcher*, 7, 2, pp. 61–78.

Bryman, A (ed.) (2001) *Ethnography* (4 volumes). London, Sage.

Bryman, A (2004) *Social Research Methods* (2nd edition). Oxford, Oxford University Press.

Bryman, A (2012) *Social Research Methods* (4th edition). Oxford, Oxford University Press.

Burgess, E (1927) Statistics and Case Studies as Methods of Sociological Research. *Sociology and Social Research*, 12, 103–120.

Burgess, E (1941) An Experiment in the Standardization of the Case-Study Method. *Sociometry*, 4, 4, pp. 329–348.

Burns, R (2000) *Introduction to Research Methods* (4th edition). London, Sage.

Burrawoy, M (1998) The Extended Case Method. *Sociological Theory*, 16, 1, pp. 4–33.

Bygstad, B, and Munkvold, B (2011) Exploring the Role of Informants in Interpretive Case Study Research in IS. *Journal of Information Technology*, 26, 1, pp. 32–45.

Byrne, D, and Ragin, C (eds) (2009) *The Sage Handbook of Case-based Methods*. London, Sage.

Canen, A (1999) The Challenges of Conducting an Ethnographic Case Study of a United Kingdom Teacher Education Institution. *Journal of Teacher Education*, 50, 1, pp. 50–56.

Carden, F (2009) Using Comparative Data: A systems approach to a multiple case study. pp. 331–344 in D Byrne and C Ragin (eds) *The Sage Handbook of Case-based Methods*. London, Sage.

Carter, B, and Sealey, A (2009) Reflexivity, Realism and the Process of Casing. pp. 69–83 in D Byrne and C Ragin (eds) *The Sage Handbook of Case-based Methods*. London, Sage.

Casanave, C (2003) Looking Ahead to More Socio-politically Oriented Case Study Research in L2 Writing Scholarship (but should it be called 'post-process'?). *Journal of Second Language Writing*, 13, 1, pp. 85–102.

Casey, D, and Houghton, C (2010) Clarifying Case Study Research: Examples from practice. *Nurse Educator*, 17, 3, pp. 41–51.

Caulley, D, and Dowdy, I (1987) Evaluation Case Histories as a Parallel to Legal Case Histories: Accumulating knowledge and experience in the evaluation profession. *Evaluation and Program Planning*, 10, pp. 359–372.

Cavaye, A (1996) Case Study Research: A multi-faceted research approach for IS. *Information Systems Journal*, 6, 3, pp. 227–242.

Charmaz, K (2006) *Constructing Grounded Theory: A practical guide through qualitative analysis*. London, Sage.

Chesney-Lind, M, and Chagnon, N (2016) Criminology, Gender and Race: A case study of privilege in the academy. *Feminist Criminology*, ahead of print: DOI: 10.1177/1557085116633749.

Chetty, S (1996) The Case Study Method for Research in Small and Medium-sized Firms. *International Small Business Journal*, 15, 1, pp. 73–85.

Christensen, C, and Carlile, P (2009) Course Research: Using the case method to build and teach management theory. *Academy of Management Learning and Education*, 8, 2, pp. 240–251.

Cohen, L, Manion, L, and Morrison, K (2007) *Research Methods in Education* (6th edition). London, Routledge.

Cohen, L, Manion, L, and Morrison, K (2011) *Research Methods in Education* (7th edition). London, Routledge.

Contardo, I, and Wensley, R (2004) The Harvard Business School Story: Avoiding knowledge by being relevant. *Organization*, 11, 2, pp. 211–231.

Cooper, D, and Morgan, W (2008) Case Study Research in Accounting. *Accounting Horizons*, 22, 2, pp. 159–178.

Corcoran, P, Walker, K, and Wals, A (2004) Case Studies, Make-your-case Studies and Case Stories: A critique of case-study methodology in sustainability in higher education. *Environmental Education Research*, 10, 1, pp. 7–21.

Cottrell, L (1941) The Case-Study Method in Prediction. *Sociometry*, 4, 4, pp. 358–372.

Cowell, I, and Phillips, D (2002) Effectiveness of Manipulative Physiotherapy for the Treatment of a Neurogenic Cervicobrachial Pain Syndrome: A single case study – experimental design. *Manual Therapy*, 7, 1, pp. 31–38.

Crasnow, S (2011) Evidence for Use: Casual pluralism and the role of case studies in political science research. *Philosophy of the Social Sciences*, 41, 1, pp. 26–49.

Crotty, M (1998) *The Foundations of Social Research: Meaning and perspective in the research process*. London, Sage.

Crowe, S, Cresswell, K, Robertson, A, Huby, G, Avery, A, and Sheikh, A (2011) The Case Study Approach. *BMC Medical Research Methodology*, 11, 100, 9pp.

Cunningham, J (1997) Case Study Principles for Different Types of Cases. *Quality and Quantity*, 31, 4, pp. 401–423.

Curtis, S, Gesler, W, Smith, G, and Washburn, S (2000) Approaches to Sampling and Case Selection in Qualitative Research: Examples in the geography of health. *Social Science and Medicine*, 50, 7–8, pp. 1001–1014.

Darke, P, Shanks, G, and Broadbent, M (1998) Successfully Completing Case Study Research: Combining rigour, relevance and pragmatism. *Information Systems Journal*, 8, 4, pp. 273–289.

David, M (ed.) (2006) *Case Study Research* (4 volumes). London, Sage.

Denscombe, M (2014) *The Good Research Guide for Small-scale Social Research Projects* (5th edition). Maidenhead, Open University Press.

Denzin, N, and Lincoln, Y (eds) (2005a) *The Sage Handbook of Qualitative Research* (3rd edition). Thousand Oaks, CA, Sage.

Denzin, N, and Lincoln, Y (2005b) Introduction: The discipline and practice of qualitative research. pp. 1–32 in N Denzin and Y Lincoln (eds) *The Sage Handbook of Qualitative Research* (3rd edition). Thousand Oaks, CA, Sage.

Diefenbach, T (2009) Are Case Studies More than Sophisticated Storytelling? Methodological problems of qualitative empirical research mainly based on semi-structured interviews. *Quality and Quantity*, 43, 6, pp. 875–894.

Dion, D (1998) Evidence and Inference in the Comparative Case Study. *Comparative Politics*, 30, 2, pp. 127–145.

Donmoyer, R, and Galloway, F (2010) Reconsidering the Utility of Case Study Designs for Researching School Reform in a Neo-scientific Era: Insights from a multiyear mixed-methods study. *Educational Administration Quarterly*, 46, 1, pp. 3–30.

Dooley, L (2002) Case Study Research and Theory Building. *Advances in Developing Human Resources*, 4, 3, pp. 335–354.

Doolin, B (1996) Alternative Views of Case Research in Information Systems. *Australasian Journal of Information Systems*, 3, 2, pp. 21–29.

Dube, L, and Pare, G (2003) Rigor in Information Systems Positive Case Research: Current practices, trends and recommendations. *MIS Quarterly*, 27, 4, pp. 597–635.

Dubois, A, and Gibbert, M (2010) From Complexity to Transparency: Managing the interplay between theory, method and empirical phenomena in IMM case studies. *Industrial Marketing Management*, 39, 1, pp. 129–136.

Dugard, P, File, P, and Todman, J (2012) *Single-case and Small-n Experimental Designs: A practical guide to randomization tests* (2nd edition). New York, Routledge.

Dul, J, and Hak, T (2008) *Case Study Methodology in Business Research*. Oxford, Elsevier.

Dunning, H, Williams, A, Abonyi, S, and Crooks, V (2008) A Mixed Method Approach to Quality of Life Research: A case study approach. *Social Indicators Research*, 85, 1, pp. 145–158.

Easton, G (2010) Critical Realism in Case Study Research. *Industrial Marketing Management*, 39, 1, pp. 118–128.

Eckstein, H (1975) Case Study and Thought in Political Science. pp. 79–137 in F Greenstein and N Polsby (eds) *Strategies of Inquiry*. Handbook of Political Science, Volume 7. Reading, MA, Addison-Wesley.

Edwards, D (1998) Types of Case Study Work: A conceptual framework for case-based research. *Journal of Humanistic Psychology*, 38, 3, pp. 36–70.

Edwards, D, Dattilio, F, and Bromley, D (2004) Developing Evidence-based Practice: The role of case-based research. *Professional Psychology: Research and Practice*, 35, 6, pp. 589–597.

Eisenhardt, K (1989) Building Theories from Case Study Research. *Academy of Management Review*, 14, 4, pp. 532–550.

Elliott, J, and Lukes, D (2008) Epistemology as Ethics in Research and Policy: The use of case studies. *Journal of Philosophy of Education*, 42, S1, pp. 87–119.

Elliott, R (2002) Hermeneutic Single Case Efficacy Design. *Psychotherapy Research*, 12, 1, pp. 1–21.

Ellis, L (2003) Illuminative Case Study Design: A new approach to the evaluation of continuing professional education. *Nurse Researcher*, 10, 3, pp. 48–59.

Ellram, L (1996) The Use of the Case Study Method in Logistics Research. *Journal of Business Logistics*, 17, 2, pp. 93–138.

Etherington, K, and Bridges, N (2011) Narrative Case Study Research: On endings and six session reviews. *Counselling and Psychotherapy Research*, 11, 1, pp. 11–22.

Evers, C, and Wu, E (2006) On Generalising from Single Case Studies: Epistemological reflections. *Journal of Philosophy of Education*, 40, 4, pp. 511–526.

Farquhar, J (2012) *Case Study Research for Business*. London, Sage.

Feagin, J, Orum, A, and Sjoberg, G (eds) (1991) *A Case for the Case Study*. Chapel Hill, NC, University of North Carolina Press.

Fidel, R (1984) The Case Study Method: A case study. *Library and Information Science Research*, 6, 3, pp. 273–288.

Fletcher, A, Bonell, C, Sorhaindo, A, and Strange, V (2009) How Might Schools Influence Young People's Drug Use? Development of theory from qualitative case-study research. *Journal of Adolescent Health*, 45, 2, pp. 126–132.

Flicker, S (2008) Who Benefits from Community-based Participatory Research? A case study of the Positive Youth Project. *Health Education and Behavior*, 35, 1, pp. 70–86.

Flyvbjerg, B (2004) Five Misunderstandings about Case Study Research. pp. 390–404 in C Seale, G Gobo, J Gubrium, and D Silverman (eds) *Qualitative Research Practice*. London, Sage.

Ford, J, Keskitalo, E, Smith, T, Pearce, T, Berrang-Ford, L, Duerden, F, and Smit, B (2010) Case Study and Analogue Methodologies in Climate Change Vulnerability Research. *WIREs Climate Change*, 1, pp. 374–392.

Foreman, P (1948) The Theory of Case Studies. *Social Forces*, 26, 4, pp. 408–419.

Forman, H (2006) Participative Case Studies: Integrating case writing and a traditional case study approach in a marketing context. *Journal of Marketing Education*, 28, 2, pp. 106–113.

Foster, P, Gomm, R, and Hammersley, M (2000) Case Studies as Spurious Evaluations: The example of research on educational inequalities. *British Journal of Educational Studies*, 48, 3, pp. 215–230.

Franz, Y, Tausz, K, and Thiel, S-K (2015) Contextuality and Co-creation Matter: A qualitative case study comparison of living lab concepts in urban research. *Technology Innovation Management Review*, 5, 12, pp. 48–55.

Funnell, P (2015) Drop-in Sessions as an Effective Format for Teaching Information Literacy: A case study in the medical and dental libraries at Queen Mary University of London. *Journal of Information Literacy*, 9, 2, pp. 62–83.

Gangeness, J, and Yurkovich, E (2006) Revisiting Case Study as a Nursing Research Design. *Nurse Researcher*, 13, 4, pp. 7–18.

Garaway, G (1996) The Case Study Model: An organizational strategy for cross-cultural evaluation. *Evaluation*, 2, 2, pp. 201–211.

Garvin, D (2003) Making the Case: Professional education for the world of practice. *Harvard Magazine*, 106, 1, pp. 56–65, 107.

Geddes, B (1990) How the Cases you Choose Affect the Answers you Get: Selection bias in comparative politics. *Political Analysis*, 2, 1, pp. 131–150.

George, A, and Bennett, A (2005) *Case Studies and Theory Development in the Social Sciences*. Cambridge, MA, MIT Press.

Gerring, J (2004) What is a Case Study and What is it Good For? *American Political Science Review*, 98, 2, pp. 341–354.

Gerring, J (2006) Single-outcome Studies: A methodological primer. *International Sociology*, 21, 5, pp. 707–734.

Gerring, J (2007) *Case Study Research: Principles and practices*. New York, Cambridge University Press.

Gerring, J, and McDermott, R (2007) An Experimental Template for Case Study Research. *American Journal of Political Science*, 51, 3, pp. 688–701.

Ghauri, P, and Firth, R (2009) The Formalization of Case Study Research in International Business. *Der Markt*, 48, 1, pp. 29–40.

Ghesquiere, P, Maes, B, and Vandenberghe, R (2004) The Usefulness of Qualitative Case Studies in Research on Special Needs Education. *International Journal of Disability, Development and Education*, 51, 2, pp. 171–184.

Gibbert, M, Ruigrok, W, and Wicki, B (2008) What Passes as a Rigorous Case Study? *Strategic Management Journal*, 29, 13, pp. 1465–1474.

Gilgun, J (1994) A Case for Case Studies in Social Work Research. *Social Work*, 39, 4, pp. 371–380.

Gillham, B (2000) *Case Study Research Methods*. London, Continuum.

Glaser, B, and Strauss, A (1967) *The Discovery of Grounded Theory: Strategies for qualitative research*. Chicago, IL: Aldine.

Goggin, M (1986) The 'Too Few Cases/Too Many Variables' Problem in Implementation Research. *Western Political Quarterly*, 39, 2, pp. 328–347.

Golden-Biddle, K, and Locke, K (1993) Appealing Work: An investigation of how ethnographic texts convince. *Organization Science*, 4, 4, pp. 595–616.

Gomm, R, Hammersley, M, and Foster, P (eds) (2000a) *Case Study Method: Key issues, key texts*. London, Sage.

Gomm, R, Hammersley, M, and Foster, P (2000b) Case Study and Generalization. pp. 98–115 in R Gomm, M Hammersley, and P Foster (eds) *Case Study Method: Key issues, key texts*. London, Sage.

Good, C (1942) The Sequence of Steps in Case Study and Case Work. *Educational Research Bulletin*, 21, 6, pp. 161–171.

Gottman, J (1973) N-of-one and N-of-two Research in Psychotherapy. *Psychological Bulletin*, 80, 2, pp. 93–105.

Greene, D, and David, J (1984) A Research Design for Generalizing from Multiple Case Studies. *Evaluation and Program Planning*, 7, 1, pp. 73–85.

Greenhalgh, T, Stramer, K, Bratan, T, Byrne, E, Russell, J, and Potts, H (2010) Adoption and Non-adoption of a Shared Electronic Summary Record in England: A mixed-method case study. *British Medical Journal*, 340:c3111.

Greenwald, R, Hedges, L, and Laine, R (1994) When Reinventing the Wheel is Not Necessary: A case study in the use of meta-analysis in education finance. *Journal of Education Finance*, 20, 1, pp. 1–20.

Griffiths, F (2009) The Case in Medicine. pp.441–453 in D Byrne and C Ragin (eds) *The Sage Handbook of Case-based Methods*. London, Sage.

Grima, N, Singh, S, Smetchska, B, and Ringhofer, L (2016) Payment for Ecosystem Services (PES) in Latin America: Analysing the performance of 40 case studies. *Ecosystem Services*, 17, pp. 24–32.

Grunbaum, N (2007) Identification of Ambiguity in the Case Study Research Typology: What is a unit of analysis? *Qualitative Market Research: An International Journal*, 10, 1, pp. 78–97.

Guba, E, and Lincoln, L (2005) Paradigmatic Controversies, Contradictions and Emerging Confluences. pp. 191–215 in N Denzin and Y Lincoln (eds) *The Sage Handbook of Qualitative Research* (3rd edition). Thousand Oaks, CA, Sage.

Gummesson, E (2007) Case Study Research and Network Theory: Birds of a feather. *Qualitative Research in Organizations and Management*, 2, 3, pp. 226–248.

Hagg, I (1979) 'Case Studies' in Accounting Research. *Accounting, Organizations and Society*, 4, 1–2, pp. 135–143.

Halinen, A, and Tornroos, J-A (2005) Using Case Study Methods in the Study of Contemporary Business Networks. *Journal of Business Research*, 58, 9, pp. 1285–1297.

Hamilton, L, and Corbett-Whittier, C (2013) *Using Case Study in Education Research*. London, Sage.

Hammersley, M (1992) *What's Wrong with Ethnography?* London, Routledge.

Hammersley, M (2001) On Michael Bassey's Concept of the Fuzzy Generalisation. *Oxford Review of Education*, 27, 2, pp. 219–225.

Hammersley, M (2012) Troubling Theory in Case Study Research. *Higher Education Research and Development*, 31, 3, pp. 393–405.

Hammersley, M, Gomm, R, and Foster, P (2000) Case Study and Theory. pp. 234–258 in R Gomm, M Hammersley, and P Foster (eds) *Case Study Method: Key issues, key texts*. London, Sage.

Hancock, D, and Algozzine, B (2011) *Doing Case Study Research: A practical guide for beginning researchers* (2nd edition). New York, Teachers College Press.

Hansen, A (2011) Relating Performative and Ostensive Management Accounting Research: Reflections on case study methodology. *Qualitative Research in Accounting and Management*, 8, 2, pp. 108–138.

Hanushek, E (1981) Throwing Money at Schools. *Journal of Policy Analysis and Management*, 1, 1, pp. 19–41.

Hanushek, E (1986) The Economics of Schooling: Production and efficiency in public schools. *Journal of Economic Literature*, 24, 3, pp. 1141–1171.

Hanushek, E (1989) The Impact of Differential Expenditures on School Performance. *Educational Researcher*, 18, 4, pp. 45–65.

Hanushek, E (1991) When School Finance 'Reform' May Not be a Good Policy. *Harvard Journal on Legislation*, 28, 2, pp. 423–456.

Harland, T (2014) Learning about Case Study Methodology to Research Higher Education. *Higher Education Research and Development*, 33, 6, pp. 1113–1122.

Hart, C (1998) *Doing a Literature Review: Releasing the social science research imagination*. London, Sage.

Hashim, R (2010) Theory-building from Multiple Case Study Research on Information System Project Implementation in Local Government. *International Journal of Interdisciplinary Social Sciences*, 5, 1, pp. 297–310.

Haunschild, A, and Eikhof, D (2009) From HRM to Employment Rules and Lifestyles. Theory development through qualitative case study research into the creative industries. *Zeitschrift für Personalforschung*, 23, 2, pp. 107–124.

Haydu, J (1998) Making Use of the Past: Time periods as cases to compare and a sequences of problem solving. *American Journal of Sociology*, 104, 2, pp. 339–371.

Hayes, S (1981) Single Case Experimental Design and Empirical Clinical Practice. *Journal of Consulting and Clinical Psychology*, 49, 2, pp. 193–211.

Healey, M, Jordan, F, Pell, B, and Short, C (2010) The Research-Teaching Nexus: A case study of students' awareness, experiences and perceptions of research. *Innovations in Education and Teaching International*, 47, 2, pp. 235–246.

Hilliard, R (1993) Single-Case Methodology in Psychotherapy Process and Outcome Research. *Journal of Consulting and Clinical Psychology*, 63, 3, pp. 373–380.

Hoon, C (2013) Meta-synthesis of Qualitative Case Studies: An approach to theory building. *Organizational Research Methods*, 16, 4, pp. 522–556.

Hopwood, N (2004) Research Design and Methods of Data Collection and Analysis: Researching students' conceptions in a multiple-method case study. *Journal of Geography in Higher Education*, 28, 2, pp. 347–353.

Järvensivu, T, and Tornroos, J-A (2010) Case Study Research with Moderate Constructionism: Conceptualization and practical illustration. *Industrial Marketing Management*, 39, 1, pp. 100–108.

Jauch, L, Osborn, R, and Martin, T (1980) Structured Content Analysis of Cases: A complementary method for organizational research. *Academy of Management Review*, 5, 4, pp. 517–525.

Jenkins, P, Weinehall, L, Erb, T, Lewis, C, Nafziger, A, Pearson, T, and Wall, S (2001) The Norsjo-Cooperstown Healthy Heart Project: A case study combining data from different studies without the use of meta-analysis. *Scandinavian Journal of Public Health*, 29 (suppl. 56), pp. 40–45.

Jensen, J, and Rodgers, R (2001) Cumulating the Intellectual Gold of Case Study Research. *Public Administration Review*, 61, 2, pp. 235–246.

Johnston, P (1985) Understanding Reading Disability: A case study approach. *Harvard Educational Review*, 55, 2, pp. 153–177.

Johnston, W, Leach, M, and Liu, A (1999) Theory Testing Using Case Studies in Business-to-Business Research. *Industrial Marketing Management*, 28, 3, pp. 201–213.

Jones, E, Ghannam, J, Nigg, J, and Dyer, J (1993) A Paradigm for Single-case Research: The time-series study of a long-term psychotherapy for depression. *Journal of Consulting and Clinical Psychology*, 61, 3, pp. 381–394.

Jones, E, and Windholz, M (1990) The Psychoanalytic Case Study: A method for systematic inquiry. *Journal of the American Psychoanalytical Association*, 38, 4, pp. 985–1015.

Jones, P, Trier, C, and Richards, J (2008) Embedding Education for Sustainable Development in Higher Education: A case study examining common challenges and opportunities for undergraduate programmes. *International Journal of Educational Research*, 47, 6, pp. 341–350.

Kazdin, A (1981) Drawing Valid Inferences from Case Studies. *Journal of Consulting and Clinical Psychiatry*, 49, 2, pp. 183–192.

Kennedy, M (1979) Generalizing from Single Case Studies. *Evaluation Quarterly*, 3, 4, pp. 661–678.

Kent, G (2000) Ethical Principles. pp. 61–67 in D Burton (ed.) *Research Training for Social Scientists*. London, Sage.

Khan, S (2008) The Case in Case-based Design of Educational Software: A methodological interrogation. *Educational Technology Research and Development*, 56, 4, pp. 423–447.

Kim, J, Price, M, and Lau, F (2014) The Case Study Research Method: Overview and proposed guidelines for reporting and evaluation illustrated with health informatics case studies. *International Journal of Health Information Management Research*, 2, 1, pp. 13–30.

Koenig, G (2009) Realistic Evaluation and Case Studies: Stretching the potential. *Evaluation*, 15, 1, pp. 9–30.

Kohlbacher, F (2006) The Use of Qualitative Content Analysis in Case Study Research. *Forum: Qualitative Social Research*, 7, 1, article 21, 30pp.

Kondakci, Y, and Van den Broeck, H (2009) Institutional Imperatives versus Emergent Dynamics: A case study on continuous change in higher education. *Higher Education*, 58, 4, pp. 439–464.

Koshy, E, Koshy, V, and Waterman, H (2011) *Action Research in Healthcare*. London, Sage.

Krippendorff, K (2012) *Content Analysis: An introduction to its methodology* (3rd edition). Thousand Oaks, CA, Sage.

Kyburz-Graber, R (2004) Does Case-study Methodology Lack Rigour? The need for quality criteria for sound case-study research, as illustrated by a recent case in secondary and higher education. *Environmental Education Research*, 10, 1, pp. 53–65.

Lakomski, G (1987) Case Study Methodology and the Rational Management of Interaction. *Educational Management, Administration and Leadership*, 15, 2, pp. 147–157.

Larsson, R (1993) Case Survey Methodology: Quantitative analysis of patterns across case studies. *Academy of Management Journal*, 36, 6, pp. 1515–1546.

Lee, A (1989a) Case Studies as Natural Experiments. *Human Relations*, 42, 2, pp. 117–137.

Lee, A (1989b) A Scientific Methodology for MIS Case Studies. *MIS Quarterly*, 13, 1, pp. 33–50.

Lee, E, Mishna, F, and Brennenstuhl, S (2010) How to Critically Evaluate Case Studies in Social Work. *Research on Social Work Practice*, 20, 6, pp. 682–689.

Leitenberg, H (1973) The Use of Single-case Methodology in Psychotherapy Research. *Journal of Abnormal Psychology*, 82, 1, pp. 87–101.

Levy, J (2008) Case Studies: Types, designs and logics of inference. *Conflict Management and Peace Science*, 25, 1, pp. 1–18.

Lijphart, A (1975) The Comparable-cases Strategy in Comparative Research. *Comparative Political Studies*, 8, 2, pp. 158–177.

Linos, K (2015) How to Select and Develop International Law Case Studies: Lessons from comparative law and comparative politics. *American Journal of International Law*, 109, 3, pp. 475–485.

Lipsey, M, and Wilson, D (2001) *Practical Meta-Analysis*. Thousand Oaks, CA, Sage.

Littell, J, Corcoran, J, and Pillai, V (2008) *Systematic Reviews and Meta-Analysis*. Oxford, Oxford University Press.

Llewellyn, S (1992) The Role of Case Study Methods in Management Accounting Research: A comment. *British Accounting Review*, 24, 1, pp. 17–31.

Lukoff, D, Edwards, D, and Miller, M (1998) The Case Study as a Scientific Method for Researching Alternative Therapies. *Alternative Therapies*, 4, 2, pp. 44–52.

Lundervold, D, and Belwood, M (2000) The Best Kept Secret in Counselling: Single case (N=1) experimental designs. *Journal of Counselling and Development*, 78, 1, pp. 92–102.

Lyons, H (2009) Case Study Research Methodology for Publishing Developments in ICT-facilitated Learning in Higher Education: A prescriptive approach. *Innovations in Education and Teaching International*, 46, 1, pp. 27–39.

Macpherson, I, Brooker, R, and Ainsworth, P (2000) Case Study in the Contemporary World of Research: Using notions of purpose, place, process and product to develop some principles for practice. *International Journal of Social Research Methodology*, 3, 1, pp. 49–61.

Mahoney, J (2000) Strategies of Causal Inference in Small-N Analysis. *Sociological Methods and Research*, 28, 4, pp. 387–424.

Mahoney, J, and Goertz, G (2004) The Possibility Principle: Choosing negative cases in comparative research. *American Political Science Review*, 98, 4, pp. 653–669.

Mason, J (1996) *Qualitative Researching*. London, Sage.

Massis, A de, and Kotlar, J (2014) The Case Study Method in Family Business Research: Guidelines for qualitative scholarship. *Journal of Family Business Strategy*, 5, 1, pp. 15–29.

Maxfield, F (1930) The Case Study. *Educational Research Bulletin*, 9, 5, pp. 117–122.

May, T (2001) *Social Research: Issues, methods and process* (3rd edition). Buckingham, Open University Press.

McAteer, M (2013) *Action Research in Education*. London, Sage.

McCarthy, J, Holland, J, and Gillies, V (2003) Multiple Perspectives on the 'Family' Lives of Young People: Methodological and theoretical issues in case study research. *International Journal of Social Research Methodology*, 6, 1, pp. 1–23.

McClintock, C (1985) Process Sampling: A method for case study research on administrative behaviour. *Educational Administration Quarterly*, 21, 3, pp. 205–222.

McClintock, C, Brannon, D, and Maynard-Moody, S (1979) Applying the Logic of Sample Surveys to Qualitative Case Studies: The case cluster method. *Administrative Science Quarterly*, 24, 4, pp. 612–629.

McCullough, J (1984) The Need for New Single-case Design Structure in Applied Cognitive Psychology. *Psychotherapy*, 21, 3, pp. 389–400.

McCutcheon, D, and Meredith, J (1993) Conducting Case Study Research in Operations Management. *Journal of Operations Management*, 11, 3, pp. 239–256.

McKenna, B (2015) The Collapse of 'Primary Care' in Medical Education: A case study of Michigan's Community/University Health Partnerships Project. pp. 133–156 in J Russell, T Greenhalgh, and S Kushner (eds) *Case Study Evaluation: Past, present and future challenges*. Bingley, Emerald.

McLeod, J (2010) *Case Study Research in Counselling and Psychotherapy*. London, Sage.

Merriam, S (1998) *Qualitative Research and Case Study Applications in Education*. San Francisco, CA, Jossey-Bass.

Meyer, C (2001) A Case in Case Study Methodology. *Field Methods*, 13, 4, pp. 329–354.

Miles, M, and Huberman, A (1994) *Qualitative Data Analysis*. Thousand Oaks, CA, Sage.

Mills, A, Durepos, G, and Wiebe, E (eds) (2010) *Encyclopedia of Case Study Research* (2 volumes). Los Angeles, CA, Sage.

Mitchell, C (1983) Case and Situation Analysis. *Sociological Review*, 31, 2, pp. 187–211.

Mitchell, C (1984) Case Studies. pp. 237–241 in R Ellen (ed.) *Ethnographic Research: A guide to general conduct*. London, Academic Press.

Mjoset, L (2006) A Case Study of a Case Study: Strategies of generalization and specification in the study of Israel as a single case. *International Sociology*, 21, 5, pp. 735–766.

Modell, S (2005) Triangulation between Case Study and Survey Methods in Management Accounting Research: An assessment of validity implications. *Management Accounting Research*, 16, 2, pp. 231–254.

Moliterno, T, and Mahony, D (2011) Network Theory of Organization: A multilevel approach. *Journal of Management*, 37, 2, pp. 443–467.

Molnar, G (1967) Deviant Case Analysis in Social Science. *Politics*, 2, 1, pp. 1–11.

Most, B, and Starr, H (1982) Case Selection, Conceptualizations and Basic Logic in the Study of War. *American Journal of Political Science*, 26, 4, pp. 834–856.

Murray, R (2013) *Writing for Academic Journals* (3rd edition). Maidenhead, Open University Press.

Nicholson-Crotty, S, and Meier, K (2002) Size Doesn't Matter: In defense of single-state studies. *State Politics and Policy Quarterly*, 2, 4, pp. 411–422.

Nonthaleerak, P, and Hendry, L (2008) Exploring the Six Sigma Phenomenon using Multiple Case Study Evidence. *International Journal of Operations and Production Management*, 28, 3, pp. 279–303.

Oberlack, C (2010) Determinants of the Capacity to Adapt to Climate Change in Multi-level Governance Systems: A meta-analysis of case study evidence. Paper given at the conference on the Human Dimensions of Global Environmental Change, Berlin, October.

Odell, J (2001) Case Study Methods in International Political Economy. *International Studies Perspectives*, 2, 2, pp. 161–176.

Ogulata, S, Koyuncu, M, and Karakas, E (2008) Personnel and Patient Scheduling in the High Demanded Hospital Services: A case study in the physiotherapy service. *Journal of Medical Systems*, 32, 3, pp. 221–228.

Oke, A, and Gopalakrishnan, M (2009) Managing Disruptions in Supply Chains: A case study of a retail supply chain. *International Journal of Production Economics*, 118, 1, pp. 168–174.

Otley, D, and Berry, A (1994) Case Study Research in Management Accounting and Control. *Management Accounting Research*, 5, 1, pp. 45–65.

Pan, S, and Tan, B (2011) Demystifying Case Research: A structured-pragmatic-situational (SPS) approach to conducting case studies. *Information and Organization*, 21, 3, pp. 161–176.

Parker, E, Myers, N, Higgins, H, Oddsson, T, Price, M, and Gould, T (2009) More than Experiential Learning or Volunteering: A case study of community service learning within the Australian context. *Higher Education Research and Development*, 28, 6, pp. 585–596.

Payne, S, Field, D, Rolls, L, Hawker, S, and Kerr, C (2007) Case Study Research Methods in End-of-Life Care: Reflections on three studies. *Journal of Advanced Nursing*, 58, 3, pp. 236–245.

Perren, L, and Ram, M (2004) Case-study Method in Small Business and Entrepreneurial Research: Mapping boundaries and perspectives. *International Small Business Journal*, 21, 1, pp. 83–101.

Piekkari, R, Welch, C, and Paavilainen, E (2009) The Case Study as Disciplinary Convention: Evidence from international business journals. *Organizational Research Methods*, 12, 3, pp. 567–589.

Platt, J (1992) 'Case Study' in American Methodological Thought. *Current Sociology*, 40, 1, pp. 17–48.

Poulis, K, Poulis, E, and Plakoyiannaki, E (2012) The Role of Context in Case Study Selection: An international business perspective. *International Business Review*, 22, 1, pp. 304–314.

Punch, K (1998) *Introduction to Social Research: Quantitative and qualitative approaches*. London, Sage.

Punch, K (2005) *Introduction to Social Research: Quantitative and qualitative approaches* (2nd edition). London, Sage.

Ragin, C (1992a) Introduction: Cases of 'what is a case'? pp. 1–17 in C Ragin and H Becker (eds) *What is a Case? Exploring the foundations of social inquiry*. Cambridge, Cambridge University Press.

Ragin, C (1992b) 'Casing' and the Processes of Social Inquiry. pp. 217–226 in C Ragin and H Becker (eds) *What is a Case? Exploring the foundations of social inquiry*. Cambridge, Cambridge University Press.

Ragin, C (1997) Turning the Tables: How case-oriented research challenges variable-oriented research. *Comparative Social Research*, 16, pp. 27–42.

Ragin, C (2000) *Fuzzy-Set Social Science*. Chicago, IL, University of Chicago Press.

Ragin, C, and Becker, H (eds) (1992) *What is a Case? Exploring the foundations of social inquiry*. Cambridge, Cambridge University Press.

Ravenswood, K (2011) Eisenhardt's Impact on Theory in Case Study Research. *Journal of Business Research*, 64, 7, pp. 680–686.

Reason, P, and Bradbury, H (eds) (2006) *Handbook of Action Research* (2nd edition). London, Sage.

Rialp, A, Rialp, J, Urbano, D, and Vaillant, Y (2005) The Born-Global Phenomenon: A comparative case study research. *Journal of International Entrepreneurship*, 3, 2, pp. 133–171.

Riege, A (2003) Validity and Reliability Tests in Case Study Research: A literature review with 'hands-on' applications for each research phase. *Qualitative Market Research*, 6, 2, pp. 75–86.

Ritchie, J (2001) Case Series Research: A case for qualitative method in assembling evidence. *Physiotherapy Theory and Practice*, 17, 3, pp. 127–135.

Rohlfing, I (2012) *Case Studies and Causal Inference: An integrative framework*. Basingstoke, Palgrave Macmillan.

Romm, T, and Mahler, S (1991) The Case Study Challenge: A new approach to an old method. *Management Learning*, 22, 4, pp. 292–301.

Rosenberg, J, and Yates, P (2007) Schematic Representation of Case Study Research Designs. *Journal of Advanced Nursing*, 60, 4, pp. 447–452.

Ruddin, L (2006) You Can Generalize Stupid! Social Scientists, Bent Flyvbjerg and Case Study Methodology. *Qualitative Inquiry*, 12, 4, pp. 797–812.

Runesson, P, and Host, M (2009) Guidelines for Conducting and Reporting Case Study Research in Software Engineering. *Empirical Software Engineering*, 14, 2, pp. 131–164.

Russell, J, Greenhalgh, T and Kushner, S (eds) (2015) *Case Study Evaluation: Past, present and future challenges*. Bingley, Emerald.

Ruzzene, A (2012) Drawing Lessons from Case Studies by Enhancing Comparability. *Philosophy of the Social Sciences*, 42, 1, pp. 99–120.

Scapens, R (1990) Researching Management Accounting Practice: The role of case study methods. *British Accounting Review*, 22, 3, pp. 259–281.

Schiele, H, and Krummaker, S (2011) Consortium Benchmarking: Collaborative academic-practitioner case study research. *Journal of Business Research*, 64, 10, pp. 1137–1145.

Schneider, K (1999) Multiple-case Depth Research: Bringing experience-near closer. *Journal of Clinical Psychology*, 51, 12, pp. 1531–1540.

Scholz, R, and Tietje, O (2002) *Embedded Case Study Methods: Integrating quantitative and qualitative knowledge*. Thousand Oaks, CA, Sage.

Schreier, M (2012) *Qualitative Content Analysis in Practice*. London, Sage.

Scott, D (2007) Resolving the Quantitative–Qualitative Dilemma: A critical realist approach. *International Journal of Research and Method in Education*, 30, 1, pp. 3–17.

Seawright, J, and Gerring, J (2008) Case Selection Techniques in Case Study Research: A menu of qualitative and quantitative options. *Political Research Quarterly*, 61, 2, pp. 294–308.

Seuring, S (2008) Assessing the Rigour of Case Study Research in Supply Chain Management. *Supply Chain Management*, 13, 2, pp. 128–137.

Shapiro, M (1966) The Single Case in Clinical-Psychological Research. *The Journal of General Psychology*, 74, 1, pp. 3–23.

Simons, H (ed.) (1980) *Towards a Science of the Singular*. Norwich, University of East Anglia, Centre for Applied Research in Education, Occasional Publication No. 10.

Simons, H (2009) *Case Study Research in Practice*. London, Sage.

Sleeter, C (2009) Developing Teacher Epistemological Sophistication about Multicultural Curriculum: A case study. *Action in Teacher Education*, 31, 1, pp. 3–13.

Sloane, R (2002) The Changing Face of Recognition in International Law: A case study of Tibet. *Emory International Law Review*, 16, pp. 107–186.

Small, M (2009) 'How Many Cases Do I Need?': On science and the logic of case selection in field-based research. *Ethnography*, 10, 1, pp. 5–38.

Snyder, C (2012) A Case Study of a Case Study: Analysis of a robust qualitative research methodology. *The Qualitative Report*, 17, Article 21, pp. 1–21.

Solomon, B, Klein, S, Hintze, J, Cressey, J, and Peller, S (2012) A Meta-analysis of School-wide Positive Behavior Support: An exploratory study using single-case synthesis. *Psychology in the Schools*, 49, 2, pp. 105–121.

Stake, R (1995) *The Art of Case Study Research*. Thousand Oaks, CA, Sage.

Stake, R (2005) Qualitative Case Studies. pp. 443–466 in N Denzin and Y Lincoln (eds) *The Sage Handbook of Qualitative Research* (3rd edition). Thousand Oaks, CA, Sage.

Stall-Meadows, C (1998) Grounded Meta-analysis of Qualitative Case Study Dissertations in Distance Education Pedagogy. EdD Dissertation, Oklahoma State University.

Stenhouse, L (1978) Case Study and Case Records: Towards a contemporary history of education. *British Educational Research Journal*, 4, 2, pp. 21–39.

Stenhouse, L (1979) Case Study in Comparative Education: Particularity and generalization. *Comparative Education*, 15, 1, pp. 5–10.

Stewart, R, and Chambless, D (2010) Interesting Practitioners in Training in Empirically Supported Treatments: Research reviews versus case studies. *Journal of Clinical Psychology*, 66, 1, pp. 73–95.

Stouffer, S (1941) Notes on the Case-Study and the Unique Case. *Sociometry*, 4, 4, pp. 349–357.

Strauss, A, and Corbin, J (1990) *Basics of Qualitative Research: Grounded theory procedures and techniques*. Thousand Oaks, CA, Sage.

Stuart, I, McCutcheon, D, Handfield, R, McLachlin, R, and Samson, D (2002) Effective Case Research in Operations Management: A process perspective. *Journal of Operations Management*, 20, 5, pp. 419–433.

Swanborn, P (2010) *Case Study Research: What, why and how?* London, Sage.

Sword, H (2012) *Stylish Academic Writing*. Cambridge, MA, Harvard University Press.

Symonds, P (1945) The Case Study as a Research Method. *Review of Educational Research*, 15, 5, pp. 352–359.

Taber, K (2000) Case Studies and Generalizability: Grounded theory and research in science education. *International Journal of Science Education*, 22, 5, pp. 469–487.

Tashakkori, A, and Teddlie, C (1998) *Mixed Methodology: Combining qualitative and quantitative approaches*. Thousand Oaks, CA, Sage.

Tashakkori, A, and Teddlie, C (eds) (2010) *Handbook of Mixed Methods in Social and Behavioral Research* (2nd edition). Thousand Oaks, CA, Sage.

Teddlie, C, and Tashakkori, A (2009) *Foundations of Mixed Methods Research: Integrating quantitative and qualitative approaches in the social and behavioral sciences*. Thousand Oaks, CA, Sage.

Thacher, D (2006) The Normative Case Study. *American Journal of Sociology*, 111, 6, pp. 1631–1676.

Thomas, G (2010) Doing Case Study: Abduction not induction, phronesis not theory. *Qualitative Inquiry*, 16, 7, pp. 575–582.

Thomas, G (2011a) *How to Do Your Case Study: A guide for students and researchers*. London, Sage.

Thomas, G (2011b) The Case: Generalization, theory and phronesis in case study. *Oxford Review of Education*, 37, 1, pp. 21–35.

Thomas, G (2011c) A Typology for the Case Study in Social Science Following a Review of Definition, Discourse and Structure. *Qualitative Inquiry*, 17, 6, pp. 511–521.

Thomas, G, and James, D (2006) Reinventing Grounded Theory: Some questions about theory, ground and discovery. *British Educational Research Journal*, 32, 6, pp. 767–795.

Thomas, G, and Myers, K (2015) *The Anatomy of the Case Study*. London, Sage.

Thomas, W, and Znaniecki, F (1918–1920) *The Polish Peasant in Europe and America: Monograph of an immigrant group* (5 volumes). Boston, MA, Gorham Press.

Tibben, W (2015) Theory Building for ICT4D: Systematizing case study research using theory triangulation. *Information Technology for Development*, 21, 4, pp. 628–652.

Tight, M (2012) *Researching Higher Education* (2nd edition). Maidenhead, Open University Press.

Tight, M (ed.) (2015) *Case Studies* (4 volumes). London, Sage.

Tripp, D (1985) Case Study Generalization: An agenda for action. *British Educational Research Journal*, 11, 1, pp. 33–43.

Uprichard, E (2009) Introducing Cluster Analysis: What can it teach us about the case? pp. 132–147 in D Byrne and C Ragin (eds) *The Sage Handbook of Case-based Methods*. London, Sage.

Uprichard, E (2013) Sampling: Bridging probability and non-probability designs. *International Journal of Social Research Methodology*, 16, 1, pp. 1–11.

Urinboyev, R (2011) Law, Social Norms and Welfare as Means of Public Administration: Case study of Mahalla institutions in Uzbekistan. *NISPAcee Journal of Public Administration and Policy*, 4, 1, pp. 33–57.

VanWynsberghe, R, and Khan, S (2007) Redefining Case Study. *International Journal of Qualitative Methods*, 6, 2, pp. 80–94.

Vaus, D de (2002) *Analyzing Social Science Data: 50 key problems in data analysis*. London, Sage.

Vellema, S, Ton, G, de Roo, N, and van Wijk, J (2013) Value Chains, Partnerships and Development: Using case studies to refine programme theories. *Evaluation*, 19, 3, pp. 304–320.

Verschuren, P (2003) Case Study as a Research Strategy: Some ambiguities and opportunities. *International Journal of Social Research Methodology*, 6, 2, pp. 121–139.

Visconti, L (2010) Ethnographic Case Study (ECS): Abductive modelling of ethnography and improving the relevance in business marketing research. *Industrial Marketing Management*, 39, 1, pp. 25–39.

Vissak, T (2010) Recommendations for Using the Case Study Method in International Business Research. *The Qualitative Report*, 15, 2, pp. 370–388.

Voss, C, Tsikriktsis, N, and Frohlich, M (2002) Case Research in Operations Management. *International Journal of Operations and Production Management*, 22, 2, pp. 195–219.

Walford, G (2001) Site Selection within Comparative Case Study and Ethnographic Research. *Compare*, 31, 2, pp. 151–164.

Walshe, C (2011) The Evaluation of Complex Interventions in Palliative Care: An exploration of the potential of case study research strategies. *Palliative Medicine*, 25, 8, pp. 774–781.

Watson, T (2009) Narrative, Life Story and Manager Identity: A case study in autobiographical identity work. *Human Relations*, 62, 3, pp. 425–452.

Weerd-Nederhof, P de (2001) Qualitative Case Study Research. The case of a PhD research project on organizing and managing new product development systems. *Management Decision*, 39, 7, pp. 513–538.

Welch, C, Piekkari, R, Plakoyiannaki, E, and Paavilainen-Mantymaki, E (2011) Theorising from Case Studies: Towards a pluralist future for international business research. *Journal of International Business Studies*, 42, 5, pp. 740–762.

Wellington, J (2015) *Educational Research: Contemporary issues and practical approaches* (2nd edition). London, Bloomsbury.

Wells, A, Hirshberg, D, Lipton, M, and Oakes, J (1995) Bounding the Case within its Context: A Constructivist Approach to Studying Detracking Reform. *Educational Researcher*, 24, 5, pp. 18–24.

Williams van Rooij, S, and Zirkle, K (2016) Balancing Pedagogy, Student Readiness and Accessibility: A case study in collaborative online course development. *Internet and Higher Education*, 28, 1, pp. 1–7.

Wilson, I, Huttly, S, and Fenn, B (2006) A Case Study of Sample Design for Longitudinal Research: Young lives. *International Journal of Social Research Methodology*, 9, 5, pp. 351–365.

Wilson, S (1979) Explorations of the Usefulness of Case Study Evaluations. *Evaluation Review*, 3, 3, pp. 446–459.

Wilson, S, and Gudmundsdottir, S (1987) What is this a Case of? Exploring some conceptual issues in case study research. *Education and Urban Society*, 20, 1, pp. 42–54.

Woods, L (1997) Designing and Conducting Case Study Research in Nursing. *Nursing Times Research*, 2, 1, pp. 48–56.

Woodside, A (2010) Bridging the Chasm between Survey and Case Study Research: Research methods for achieving generalization, accuracy and complexity. *Industrial Marketing Management*, 39, 1, pp. 64–75.

Woolcock, M (2013) Using Case Studies to Explore the External Validity of 'Complex' Development Interventions. *Evaluation*, 19, 3, pp. 229–248.

Yin, R (1992) The Case Study Method as a Tool for Doing Evaluation. *Current Sociology*, 40, 1, pp. 121–137.

Yin, R (1997) Case Study Evaluations: A decade of progress? *New Directions for Evaluation*, 76, pp. 69–78.

Yin, R (1999) Enhancing the Quality of Case Studies in Health Services Research. *Health Services Research*, 34, 5, Part II, pp. 1209–1224.

Yin, R (2003) *Case Study Research: Design and methods* (3rd edition). Thousand Oaks, CA, Sage.

Yin, R (2009) *Case Study Research: Design and methods* (4th edition). Thousand Oaks, CA, Sage.

Yin, R (2013) Validity and Generalization in Future Case Study Evaluations. *Evaluation*, 19, 3, pp. 321–332.

Young, C (2013) Initiating Self-assessment Strategies in Novice Physiotherapy Students: A method case study. *Assessment and Evaluation in Higher Education*, 38, 8, pp. 998–1011.

Zhao, J (1996) Using Case Studies for International Business Communication Training. *Business Communication Quarterly*, 59, 4, pp. 11–24.

Zonzi, A, Barkham, M, Hardy, G, Llewelyn, S, Stiles, W, and Leiman, M (2014) Zone of Proximal Development (ZPD) as an Ability to Play in Psychotherapy: A theory-building case study of very brief therapy. *Psychology and Psychotherapy: Theory, Research and Practice*, 87, 4, pp. 447–464.

Understanding Case Study Research by Malcolm Tight

English language edition published by SAGE Publications of London, Thousand Oaks, New Delhi and Singapore, © Malcolm Tight 2017

Simplified Chinese edition © 2019 by China Renmin University Press.

世哲出版社为本书在美国、英国、新德里首次出版的出版社。

图书在版编目（CIP）数据

案例研究：方法与应用/马尔科姆·泰特著；徐世勇，杨付，李超平译．—北京：中国人民大学出版社，2019.3

（管理研究方法丛书）

ISBN 978-7-300-26660-2

Ⅰ.①案… Ⅱ.①马… ②徐… ③杨… ④李… Ⅲ.①社会科学-研究方法 Ⅳ.①C3

中国版本图书馆CIP数据核字（2019）第016781号

管理研究方法丛书

案例研究：方法与应用

马尔科姆·泰特　著

徐世勇　杨　付　李超平　译

Anli Yanjiu：Fangfa yu Yingyong

出版发行	中国人民大学出版社		
社　　址	北京中关村大街31号	**邮政编码**	100080
电　　话	010－62511242（总编室）		010－62511770（质管部）
	010－82501766（邮购部）		010－62514148（门市部）
	010－62515195（发行公司）		010－62515275（盗版举报）
网　　址	http://www.crup.com.cn		
	http://www.ttrnet.com(人大教研网)		
经　　销	新华书店		
印　　刷	北京宏伟双华印刷有限公司		
规　　格	185 mm×260 mm　16开本	**版　　次**	2019年3月第1版
印　　张	11.75 插页2	**印　　次**	2019年3月第1次印刷
字　　数	220 000	**定　　价**	45.00元

教师教学服务说明

中国人民大学出版社工商管理分社以出版经典、高品质的工商管理、财务会计、统计、市场营销、人力资源管理、运营管理、物流管理、旅游管理等领域的各层次教材为宗旨。

为了更好地为一线教师服务，近年来工商管理分社着力建设了一批数字化、立体化的网络教学资源。教师可以通过以下方式获得免费下载教学资源的权限：

在中国人民大学出版社网站 www. crup. com. cn 进行注册，注册后进入“会员中心”，在左侧点击“我的教师认证”，填写相关信息，提交后等待审核。我们将在一个工作日内为您开通相关资源的下载权限。

如您急需教学资源或需要其他帮助，请在工作时间与我们联络：

中国人民大学出版社　工商管理分社

联系电话：010-62515735，82501048，62515782，62515987

电子邮箱：rdcbsjg@crup. com. cn

通讯地址：北京市海淀区中关村大街甲 59 号文化大厦 1501 室（100872）